JN003791

管理職魂

冠 和宏

幻冬舎ルネッサンス新書
211

はじめに

いよいよ、人生100年時代が到来する。突入と表現した方が良いだろうか。2025年に国民の10人に一人が80歳以上の年齢分布になる（総務省統計局）という話にも驚いたが、2007年生まれの日本人が107歳を迎える可能性が50％というから（リンダ・グラットン『LIFE SHIFT―100年時代の人生戦略』）、もう何がなんだかわけがわからない。

もし自分が100歳まで生きるとしたら、健康でいられるのであればずっと働いていたいと思う。理想は生涯現役である。

私は働くことが好きだし、働くことを通じて自己実現ができる。定年後もイキイキと働いている先輩方を見ていると、嬉しい気持ちになる。充実した時間を過ごしていると、ずっと若々しくいられるような気がする。外で働いていれば、朝起きて身繕いもする。クライアントから仕事の依頼があれば、アレコレ考えを巡らせることになり頭の体操にもなりそうだ。人に会うのであれば、着るもの身に付けるものも、それなりに気を使う。

1つの会社でのキャリアの成功を考えるよりも、生涯現役でいられる方法を模索したい。

多くの人と関わりを持ち続け、一緒にあれこれ悩みながら問題解決のお手伝いをしたい。国や政治を非難することに時間を割くのではなく、会社経営を通じて女性活躍推進や高齢化問題に対して、自分のできることをしたい。社会を良くするためのアイデアを共感者と共に実行したい。そんな想いが高じて、医薬品や医療機器などの研究・開発のコンサル業に転じることにした。困っている人がいると放っておけない性格だから、もしかして向いているかもしれない。

薬系の大学院を出て、製薬企業に勤めてから20年以上が経った。その間に、海外拠点での実務経験も積んだ。世界の最先端が集まるエリアだったから、働くにしても生活するにしてもエキサイティングな環境だった。帰国してみたら、物の見え方が変わってしまったので驚いた。新しい疾患領域で仕事を始めてみたら、色々な疑問が沸いてきた。もともと人生100年時代構想に興味があったわけではあるが、改めて日本の健康寿命74・9歳（WHO世界保健統計２０１６）を鵜呑みにしたとして、75歳まで働けるとしたら？　まだキャリアとしては半分も来ていない計算になる。80歳まで働けるようだったら、まだたかだか1／3くらいしか終わっていない計算になる。数えきれないほどの諸先輩方からの温かいサポートのお陰で、幅広く中身の濃い経験を積ませて頂いたと思うが、この道40年の大べテランを前にしたら、まだまだ十分若い部類に入ろう。

組織というものはピラミッド構造になっていることが多い。日本では専門職ラダーという仕組みが浸透しておらず、管理側、経営側にいかなければ給与が上がっていくことは稀である。組織管理やスキルについて学びのニーズはとてもある。研修と称して、色々なセミナーや講義に参加する機会もあるだろう。書店に行けば、部長や重役になれる人となれない人の働き方の違いとか、将来そういう役職に就くために若い時期からやっておいた方が良いと思われることにフォーカスしたビジネス本は山ほどある。

ある程度の年齢になり、自分のことを改めて見つめ直してみる。そんなことをやっていると、シニアマネジメントの仲間に入らない限り経験の幅が広がっていかないのではないか？　という先入観が働く人の頭を悩ますことになる。改正高年齢者雇用安定法の施行を受け、希望者は65歳まで雇用されるようになったものの、現役時代と同じような仕事ができたとしても給料は大幅に引き下げられるケースが少なくない。国は年金受給開始時期を更に遅らせるオプションの検討を開始していることも踏まえると、もはや「働き方」のレベルではなく、「生き方」まで深く考えていく必要が出てくる。

私は、もともと独立心旺盛な質であったと思う。相当先にならないとわからない年金のことなんか気にしながら、人生を送ることなんてしたくないし、これまでに積んだ経験は決して無駄にならない。むしろ経営者の視点を養う意味や、自分のスキルを社会のものとして活動することへの興味がいよいよ強くなってしまい、経営というものを本当にやってみることにしたわけである。課長でも部長でもない。法人の代表なのである。

勘違いしてほしくないので強調しておくが、いまの時代、起業すること自体は誰でもできる。色々なことが急速に発展し、変わっていく環境の中でも、起業したときの理念を持ち続け、社会に対するベネフィットが未来永劫続く仕組みを構築し続けられるかが重要なのである。事業規模の大小はあれど、それは別に大きな組織でしかできないことではない。

さて、前置きが長くなったが、人生100年時代という働き方にしても様々な選択肢を検討する時代がやってくる。既に終身雇用の時代ではないし、1つの組織にずっと所属するケースもいまより更に減るかもしれない。どこかのタイミングで独立を選択することもある。「老後も働くことについての価値感」は人それぞれ。もちろん働きたくない人に強制するつもりはない。働くことの必要性も個々の状況に依存する。制度はたくさんあれど、いまの私には老後というものの概念がない。

75歳で後継者に代表を譲るプランがあり75歳まで働く前提で、仮に60歳で独立して自分の組織を持った場合、40歳で管理職になったのであれば、35年間は管理職として仕事をしていくことになる。意外にも管理職になる前の期間はたかだか15年くらいでしかない。トントン拍子に会社組織を大きくできた場合を除き、組織のサイズが小さいままであったなら、自分は経営のことだけ考えれば良いなんてことはなくなる。いつか後継者を見つけて引退することを計画しているのであれば、何らかの作戦を考える必要が出てくる。他業種の参入などによりビジネスモデルそのものが変わっているかもしれない。テクノロジーの進歩により、仕事の仕方そのものが変わってしまうこともあり得る。未来には何が起きるかわからない。しかし、翌日になったらあらゆるものが変わっていたなんてこともあり得ない。環境の変化を注意深く観察しておけば、ある程度の精度で予想を立てることはできるように思う。

会社にいた頃は、肩書で仕事を回すこともできたかもしれない。一旦、引退・定年してしまえば、会社が代わりに準備してくれていた環境やシステムなどを使うことができない。そうなったとき、自分の新しい生活や働く場所、所属コミュニティでどんなスキルを使って、社会に貢献することができるのだろうか。

私は、自身の経験なども踏まえて、こんな管理職になってほしい、こういう人に管理職をお願いしたいという想いを多くの人に伝えたいと思い、筆を執ることにした。ご自身あるいは管轄グループメンバーの方の能力開発プランの策定で困っている方、自分のキャリアについて真剣に悩んでいる方、そろそろ管理職への昇格が視野に入ってきた方、人材開発系のスタッフ、外部採用で管理職を雇用したいと考えている方などに読んで頂きたい。少しでも皆様のお役に立つことができればと切に願って止まない。

令和2年10月　冠　和宏

管理職魂

目次

第一章　管理職というものを通じて習得するスキルに拘るわけ

100年時代ということを考えたとき、物心つく頃の経験なども大事ではあるが、トータルで最初の40年くらいというのが結構大事だと思う。社会に出てから20年くらいは仕事が楽しくて仕方がない時期なのだと思う。自分でも年々スキルが向上していくことを体感できたし、新しい気づきや学びをベースに、アイデアがどんどん出てくる。40歳過ぎたら、学びの速度が遅くなるとか、名前が思いだせなくなるとか、老眼がくるとか、色々なことが言われている。でも、100年時代を考えたら、まだまだ半分も来ていない。職場によって時期は多様ではあるが、55歳とか、早いところでは55歳を過ぎたくらいから第一線を退くことを意識させられるようなところもある。職人でこの道40年の方でも「自分はまだまだ若造」という世界もあるが、大部分の職場では60歳定年という仕組みがかなり長いことつづいた。

そう考えると、100歳というスパンで物事を見てみると、多少定年が延長したところで、定年後の人生の長さは、大きな差はないようにも思える。人生を長いマラソンで考えたら、前半戦に人生の戦略を練り込んで、未来を明るいものにするために何をして、次の世代に何を伝え、何を残していくのかを考えていくのが重要なのではないかと思う。半分の50歳だと、準備に時間も必要だろうから早いに越したことはないように思う。つまり40歳とか

50歳くらいまでに、仕事の知識を自分の人生にも応用するために、多くの時間を使っている職場や仕事の時間を有効活用し、多くのスキルを身に付け、日々研鑽し、スキルを発揮して、一人ではなく、より多くの仲間と共に、社会全体で100年時代をより充実したものにしたい。つまりはマネジメントである。そんな考えが世の中に浸透したら、世の中は更に良いものになるに違いない。そんなことを考えているとワクワクする。

ところで、管理職というものは一定の割合の人が経験するわけであるが、この管理職の経験を特に大事にしてほしいと思う。もちろん管理職ではないとダメか？　と問われれば、何も管理職に限った話ではない。多様な経験を通じて、人生で遭遇する困難や、問題に対処するスキルや知識を身に付けることができる機会は山ほどある。単一のスキルではなく、時には組み合わせて、あるいは関連付けて問題に向き合うということを考えると、管理職という経験・実務を通じて生涯使えるスキルを磨くことは、とても効率が良いと感じている。自分が問題だと思っている社会の課題を少しでも多くの仲間と解決することに関わることができたらどんなに素晴らしいことか。スキルは人生を豊かにするものであり、自分や一緒に何かを成し遂げるための仲間と充実した時間を過ごすために磨くものである。管理職の経験を通じて得る総合的なスキルを体系的に理解して実践の場を通じて磨くことを、これから管理職になる人だけでなく、管理職としてマンネリ感を抱き始めた人にもお勧めしたい。

スキルを発揮する場所は、別に職場だけでなくても良いわけである。ご自身の所属するコミュニティや、ご家庭、趣味のグループ、ボランティア活動、マンションの管理組合の活動でも良い。会社では管理職だけど、家では召使いなんていうのは、家庭円満の秘訣かもしれないが、家でもバリバリと幸せな家庭を作るミッションにしっかりと向きあってほしい。誤解がないように強調しておきたいことは、社会や組織だけに身も心も捧げるのではなく、ご自身やご家族の人生も大事にしてほしいということである。「家に帰ってきたときぐらい……」という言葉も時折耳にするが、私には安息の場所ではなく、チームとして次の挑戦について語らう場所であり、人生という大事な時間を共有する場所であり、日々の自分を振り返る場所でもあるわけなのだから。

私が、経営視点で管理職に望むことはただ1つ。会社組織は社会を良くするために存在させるわけであるから、仕事を通じて社会を良いものにしてほしい。これだけなのである。近い将来、いままで人がやってきた仕事は、人工知能（AI）とか便利なITツールのようなテクノロジーが全部奪ってしまうのではないか？　という話もあるが、まだまだ数十年先くらいのレベルでは、人間の持つ創造性や社会的知性を活かした仕事は機械に置き換わることはないと思う。人間の集中力や判断が及ばなくなるような膨大なデータから何らかの関連性を見出したり、法則を見つけたりするのはテクノロジーにお願いした方が良いと思う。別にこれはヒトでもできるのであればヒトがやれば良いことであって、何でもかんでもテクノロジーにお願いしなきゃダメかと言えば、そんなことはない。お願いできるところとできないところを考えるのは、やはり人間にしかできないことだろうと思うし、お願いするかどうかを考えるのも人間。つまり、疑問を抱いたり、課題を特定したりするのは、ヒトの役目なのである。だからこそ、真面目に包括的にスキルを習得することを提案したい。まず、管理職の役割と磨いてほしいスキルセットを俯瞰するところから始めたいと思う。

1-1　管理職の役割とスキルの俯瞰

最近の管理職に求められる役割の定義はかなり奥が深い。学問的な研究がだいぶ進んできたこともあり、管理職の役割の定義や分類などを含めて、バラエティーに富んできたと言った方が良いかもしれない。だからと言って基本的な役割がいまと昔で大きく変わったかというとそうでもないと思う。分類好きの学者先生たちの好みで、定義を作るときの切り口次第で、微妙に違うようにみえるだけのように思う。個人のスキルを考えるとき、いま必要なこと、これから必要になるものを整理することが大事だと思うが、分類がどう、定義がどうなんていうのは、あまり意味がないと思う。

個人というものは、社会や組織という大きな視点から見れば、コミュニティやグループを形成している最小単位でしかないかもしれない。しかし、学問の研究対象となった集団全体の傾向や行動特性を個人にあてはめることはできないのである。だから人間は面白く、難しいのである。

人は色々な経験を通じて（書籍を読むことも含まれる）、自分なりに色々なことを理解し、整理しているわけである。自分を磨くために成果を出すということは、一体何を意味しているのか？　成果を出し続けるハイパフォーマーは、なぜハイパフォーマーでいられるのか？　などについて、体系的な理解を獲得したり、自分の能力を向上させるために整理されたツールを活用することは良いアプローチだと思う。自分が役割を果たすために、

管理職に期待するスキル群

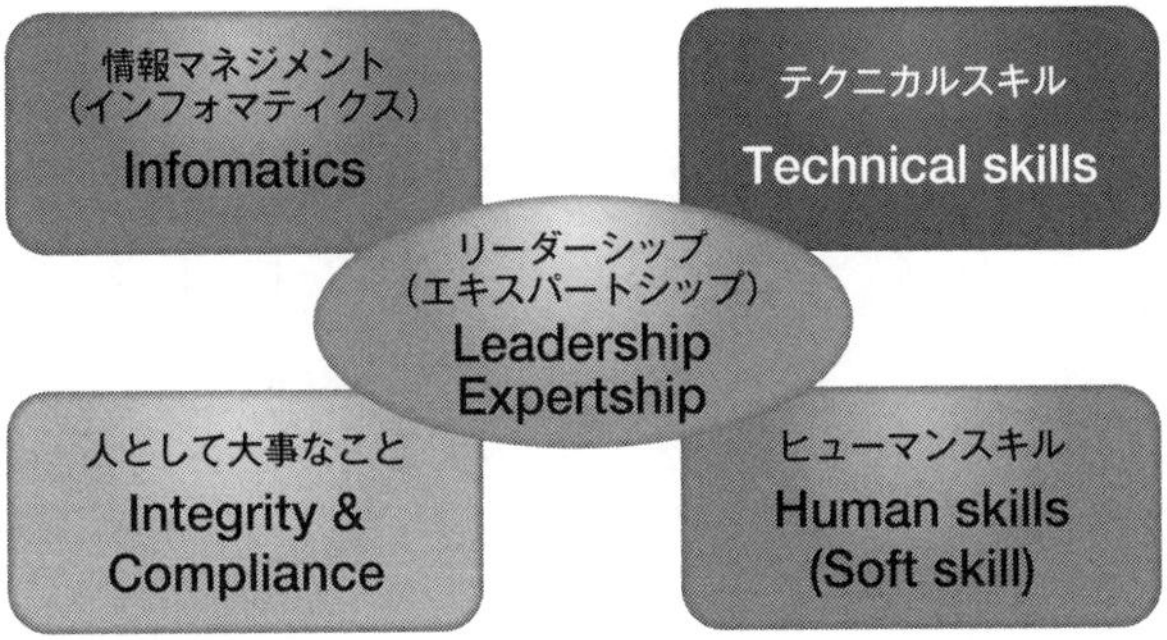

あるいは役割以上のことを達成したいと思ったのなら、更に自らのパフォーマンスを上げるために、あるいは生産性の高い組織を作るために、どんなスキルを磨いたら良いのか？　どんな戦略を立て、また実行していく必要があるのか？　を、実際に自分の置かれた状況に当てはめて実践することが重要だと思う。そんなときに本書を活用してほしい。

1-2　管理職に期待するスキル群

管理職に求められるスキルをまとめたものは色々あるが、私は、経団連がまとめているミドルマネージャーに求められる基本的役割（ミドルマネージャーをめぐる現状課題と対応／一般社団法人日本経済団体連合会2012）がわかりやすいと思う。情報関係、業務遂行関係、対人関係、コンプライアンス関係の4つに分類されている。小難しい感じがするので、私は「情報マネジメント（情報の大事さ）」、「テクニカルスキル（ロジカルに物事を整理したりポイントを絞り込んだりする技術的な能力）」、「ヒューマンスキル（他者と一緒に何かをするときに大事な要素）」、「人として大事なこと（自分が自分でいること）」と読み替えている。このような区分けは、それぞれが独立して機能することもないから、大して重要ではない。学生時代の科目のように無理やり区別したような話は実生活では稀であるし、管理職が必要になるような仕事という特性を考えると、厳密な区分けというのはなかなか難しい。ではなぜ、このような区分を考えるのかといえば、自分自身あるいは自分が管理する組織のメンバーの能力開発を考えたりするときに便利だからである。

そして、いくらスキルに長けていても必要なところで活用しなければ、スキルがないのと同じなのであるから、「リーダーシップ（行動を起こすときに考えておくこと）」という要素も付け加えておきたい。要は、必要なときに必要な行動を起こすという意味合いのものである。肩書やタイトルだけで物事が解決するケースは一般社会においてはほとんどな

情報管理のイメージ

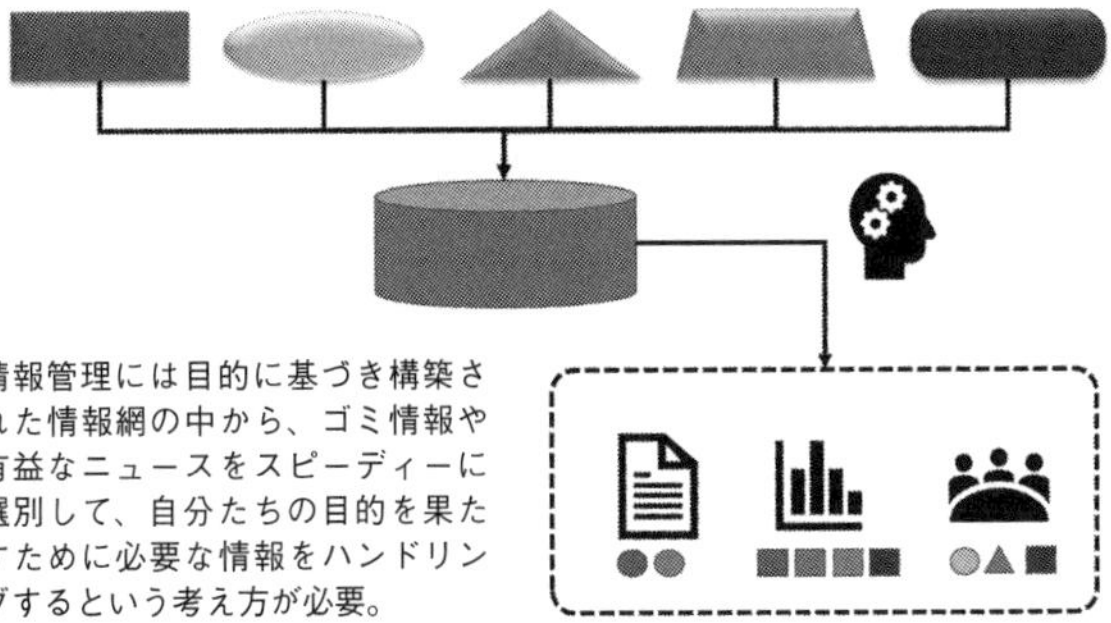

情報管理には目的に基づき構築された情報網の中から、ゴミ情報や有益なニュースをスピーディーに選別して、自分たちの目的を果たすために必要な情報をハンドリングするという考え方が必要。

い。「リーダーシップ」というものも、それだけで独立して機能することもない。「進むべき道は、こっちだ」と思えるような何かしらの考えや根拠があっても行動しなければ、行動していないのと同じである。モヤモヤするキーワードなので使い方には注意が必要だが、すべての行動の原動力は「リーダーシップ」という要素なのかもしれない。

情報管理（マネジメント）の重要性

我々は情報社会の中で生きている。例えば、家を買う、クルマを買う、旅行やレジャー施設に行く、美味しいものを食べに行くことになったら、まずあなたは何をするだろうか。最近は、リクエストを音声情報で認識して、音声でレスポンスしてくれるテクノロジーも出てきた。レストラン情報もいまでは個人のコメントが閲覧できる時代にもなった。あなたは何も考えずに調査を開始するだろうか。それとも先に家族と予算について相談するだろうか。もちろん、予算管理も大事な情報マネジメントの対象である。

あなたが所属する組織でも、あなたは同じように目的に応じて情報マネジメントをしている。そして適切に情報マネジメントすることを期待されている。業務の1つとして常に世の中の動向を注視していて、必要だと思った情報はレポートだったりメールだったりの方法で日々情報共有をしている。管理職のあなたは、経営陣や上層部にも報告を上げるし、自分の管轄グループのメンバーにも情報を共有している。情報管理というカテゴリーで研修を受けたりして、日々研鑽を積んでいるエリアである。コミュニケーションという括りでわかったような気になってしまうが、情報の重要性を知っている。情報マネジメントのツボを知れば知るほど、あなたの神経は情報処理能力や知識の増加に伴いますます研ぎ澄まされ、日々の変化に敏感になる。次にどんな変化が起きるかを想像する。どんな対応が必要になるのか、常に分析をして、上層部とディスカションをする。その行動はなぜ起きているのだろうか？　何らかの判断基準によって「共有やすり合わせが必要だと考えた」からであろう。つまり目的があるからである。ここで強調したい大事な概念は「Need to know（知っておく必要がある）」である。本来あってほしい姿である。なぜ上層部と状況の共有が大事だと思うのだろうか。

「自分は聞いていない」と後で言われたくないとか、「自分だけメールのCCに入っていない」ということを言われないように念のため共有しているケースもよくある（そういうことを言う人がいるのも事実である）。しかし、それは組織が本来使うべき大事な時間を無駄にしている行動だと思う。社内政治は絶対に必要だと思っている人がいると思うが、あれは本当に社会のためなのだろうか。最終的に自分のためになっているとも思えない。そもそも社内政治がうまいとかっていうのもよくわからない。経営者からしたら、必要な情報が収集できる仕組みがあって、必要に応じて共有され、必要な行動がとられていれば良いのである。無駄な時間はすべて削りたいコストである。組織だから人の好き嫌いで何かが決められることもあるだろうけれども、組織にしがみついたり、依存しようとするから、社内政治的な話に重きを置いてしまうのである。私が過去に受けていた1日あたり平均200通のメールの7割はなくても問題はなかったように思う。3割もコミュニケーションの一部であったり、続報であったりと本質的には必要でないものとして工夫できたはずである。

その工夫は多くの場面でなされていない。

さて、プライベートに目を移してみると、あなたは家ではどうだろうか。休日の過ごし方は子供や奥さんに決定権があることの方が多いかもしれない。誰が決めたわけでもないが、ご家族の方がしっかり調査し進めている。ただ、働く場所と違うのは、衝動的ではなく、計画的に進められることが多いくらいであろう。ご家庭では予算については自分に決定権があるという方も少なくないだろう。行きたい場所を決める役目については、ご家族に権限委譲をしているようなイメージかもしれない。要は、家庭円満という要素に加えて、よく知っている人の意見を採用するというプロセスを踏んでいる。また、いきなり提案すると、聞いてないよ！　という批判も受けることになるから、いつ頃、切り出そうかあれこれ考えたりすることもある。あなたは、経営メンバーとして、家族がどうあるべきで、自分達がどんな家族を目指しているのか、話をしたことがあるだろうか。多くの人が見守る中、幸せな家庭を築くということを宣言したのをお忘れではないだろうか。調子が良いのは披露宴までで、その後は成り行きという家庭も多いと思うが、家族として生活していると、時々大変な問題が起きることがある。

家族の問題は根が深くなることがある。職場では距離を置くことで回避（あえて回避と呼ぶ）することが可能な場合がある。一方、家族は法的な側面や感情的な部分も影響し、なかなか仕事のようにいかないことがある。その理由としては、議論の中では、感情面の支配する割合が多いからかもしれない。感情は問題解決の障害になることがある。言ったの言わないだの、自分は聞いていないだの、問題の本質がすり替わることもある。当人は、相手の要求や提案を飲めないという意思表示を間接的にしているのである。予防線を張って、常々話をする機会を持っておくとか、みんなが嬉しくなるような提案を考えるとか、対応するための方法はたくさんあるわけである。

また、経営陣が示す経営理念や方針、戦略や目標、社会的貢献についてのメッセージなどを管理職が理解し、自分の言葉で自分の管轄グループやチームに伝え、そして理解してもらい、現場に経営者の視点をもたらし、やるべきこと、そして進むべき方向を示すことが、特に階層の深い組織では重要である。つまり管理職には、現場と経営陣とのつなぎ役としての役目も期待されている。そして、自分の管轄下の組織が連携する他の部署も含め、ステークホルダー（業務上不可欠な登場人物・関係者）への働きかけ、意見聴取・情報提供、改善要請への対応、そして協力を取付けることも、管理職に期待される仕事である。

そうなのである。管理職のあなたには、相手が興味のないことでもちゃんと理解して動いてもらうために試行錯誤してもらうことが期待されているのである。情報マネジメントに、一体どこから手を付ければ良いのだろうか。まずは、ステークホルダーの洗い出し・把握（マッピング）から始めると良い。ステークホルダーにどうしてほしいのか。ステークホルダーの動きや好みを把握し、ステークホルダーをマネジメントするために、どんな情報をどのように集め、利活用（分析したり、要約を作ったり、再利用したりすることなど）するのか。足りない情報は何か、誰なら集められるのか、どうやって管理するのか、それが明確に定義できていなければ、リソースを最大限に活かしたマネジメントという話にはなりにくい。あなたの仕事はプロデューサー業なのである。様々なステークホルダーに対して、どんな行動を取ってもらう必要があり、それをどうやって実現するのだろうか。シナリオ作りは念入りに考えてほしい。使えるリソースはすべて使おう。足りなければ、それを補う方法を考えよう。そして行動計画に落とし込むのである。１日で片を付けようと思うと、なかなか難しい。恐ろしく時間がかかるものなのであるが、毎日のあなたの管理職としての仕事の中で取り組んでいけば、必ず良いものができあがるはずである。時間が取れない人は、自分の責務を振り返って、時間配分を考え直すところから始めてほしい。管理職としてやるべき仕事をするための時間を確保するのは、あなたの仕事なのだから。

論理的に物事を整理・分析する

本セクションに興味のある人はとても多いのではないだろうか。ロジカルシンキングに関連した方法論や手法はとても多いが、どれから手を付けたら良いのか悩む。それらを使ってやりたいことと、実際のできあがりのギャップが気持ち悪い。どうもスキルが定着しない。私もこんなことに大いに悩まされた一人である。以下に書いていることは他のビジネス本と何ら変わりはないと思うが、大きく違うところは、実践で繰り返して活用してきた経験も織り交ぜて、誤用しがちな事例や、活用事例にも触れているところであろう。テクニカルスキルの詳細は、第三章の組織マネジメントで解説する。

いわゆる論理的解決法などは、テクニカルスキルと言われる。こういうと「敷居が高く、専門性が不可欠なのでは」というイメージを抱かせてしまうかもしれない。一般的に言われているビジネススキルとどう違うのか？　ということであるが、いまだから声を大にして言えるが、別に区別をしなくても良いと思う。難しく書いてあるだけで、根本的なところは同じで、要するに「理屈が通っている」とか「理路整然としている」ということなのである。ある社員を管理職に昇格させるかどうかを評価する際に、ラインのメンバーとしてこれまで磨いてきた専門スキルの成熟度も評価項目に含め、昇進・昇格の決定をしている組織は少なくない。昇格を評価する側からすると、これまでの経験や実例を参考に、管理職としてのポテンシャルを評価しているわけだが、そんなことを昇格した者に伝える機会は少ない。ちゃんと説明できる上位者も少ない。このようなことがテクニカルスキルに対する誤解を生んでいる1つの原因にもなっていると思われる。

日々の管理業務に必要なもの。組織の発展に貢献するために必要なもの。そして、組織が直面する問題を特定したり、またそれらを解決するために必要なものだと思ってもらえれば合点がいくと思う。例えば、問題の特定、原因分析、解決方法の提案のように職種を問わず高い習熟度が望ましいものに加え、顧客ニーズの洗い出し、競合分析、重点領域の特定、戦略構築、新規プロジェクトの立案、新製品の提案のようなものを論理的に行うための知識やツール使用の成熟度などを指す。より専門性が高くなるほど、テクニカルスキルの習熟度が効率的な時間の使い方につながってくる。また、単に好みや直感で選んだだけより、意志決定についての納得感も出てくるだろう。1つ添えて置くとすれば、「テクニカルスキルの足りない上層部は、メンバーから冷ややかな目で見られる」ということだろうか。

トップダウンという言葉が良い意味でも悪い意味でも使われている。良い意味では、トップの方針がしっかりとした戦略の下で、リーダーシップを発揮することとして使われる。悪い意味で使われたときは、「勝ち目はないけど、この方針に乗っかってくれ。ダメだったとしても諦めてくれ」と言っているのと同じことだと思う。特攻隊に入隊させられた人は、可哀想だったのか、それとも自分を放棄したのか、私にはわからないが、危ない決定をする組織にしがみついている必要はないと思う。「最後には私が責任を取る」という言葉がある。誰も起きてしまったことや時間を元に戻すことはできないから、あれは詭弁であると思う。十分に検討し尽くしたのであれば、仕方ないと思えることもあると思うが、そんな検討はほとんどなされていないのではないだろうか。例えば、政治家や経営トップが「責任を取って辞める」というのがあるが、あれは単なる「リセットごっこ」でしかないと思う。誰がそんな決断を受け入れるのであろうか。能力が足りないから、早めに交代させるということであれば、納得してくれる人も増えるだろうが、本当に国会中継で映されているような状況が存在するのであれば、どんなタレントでも「能無し扱い」され、魔女狩りの対象になり、結局は意気消沈してしまうのではないだろうか、と思うことがある。

他者と協働するために

リソースの中でも最も扱いが難しいと言われている「人」。自らの意思を持ち、自ら判断する。その判断の基になる根拠が論理的であるか否か、心に訴えるものであるか否かに関係なく、組織の階層を構成したり、役目を担う。扱いにくさの源泉は個々が持つ価値観というものであろう。生まれ育った環境や獲得してきた経験もそれぞれである。機械やプログラムとは異なり、その日、そのときによって気分の浮き沈みもある。だからどんな組織でも人間関係のトラブルは尽きない。この「人」という面倒なリソースを巧みに使いこなすことができるか？　ということが、管理職としての能力を反映するパラメーターとなっているような側面もある。それだけなのはどうかと思ってしまうこともあるが、それくらい「人」は扱いが難しい。

もちろん、企業のように活動資金が底をつくと終わってしまうこともあるが、基本的に組織というものは、生き物のように一定の期間で機能が停止して終わりを迎えるということがない。従って、継続的に組織の目的を果たすことができるような仕組みや方法を考えることにエネルギーを注ぐ。しかし、それらを考案したり、エネルギーを注ぐのは「人」なのである。「人」には寿命があるから、組織の理念を継承しつつ、より一層の繁栄を担ってくれる後進が必要になる。そして後進の育成に相当なエネルギーを注ぐ。管理職に「人」を育成する役目を課している組織は少なくない。

「人」は多様な価値観を持つので、個々の価値観に基づき、常に分析・評価・行動というものを実施している。価値観に基づき、好ましくないと評価した環境から離脱したくなることは、自然のことである。理由は多様で、処遇・待遇面であったり、やり甲斐であったり、経験できることであったり、スキルを磨く機会であったりと様々である。

育成のみならず、関係するステークホルダーとの良好な関係を構築したり、新たな人脈を構築したりと、ヒューマンスキルが弱かったら仕事にならないと言われるほど、多くの書籍がヒューマンスキルを取り上げている。社内政治について書いてある書籍もあるが、社内政治が必要かどうかは組織が健全かどうかのバロメーターであると思う。組織の活動を良い方向に進めるためにも、多くのメンバーの賛同、そして一人でも多くの協力者を集めることにつながるスキルや行動特性を身に付けることを考えてほしい。

あなたの倫理観・コンプライアンスは

Complianceは何かに従うという意味のComplyという英語が語源である。至る所でコンプライアンスという言葉を日常的に聞くようになった。情報社会の成熟度を反映しているように思う。組織の法令遵守、企業倫理が社会から注目されている。いまや、コンプライアンス違反は、痛烈な社会的な批判を受ける時代である。人だって組織だって何かをやらかしてしまえば、社会的批難を受けることがあるわけなので、何も不思議なことはない。我々は日常的に色々なルールを守って生活をしている。法律を守るのは仕事に関わらず社会生活を営む者であれば当たり前のことであるが、実際には生活する上ではルールがないことやわかり辛いことが多いのも事実である。法律や就業規則に書いていないようなことでも、社会的視点から、良いことかどうかの判断をしなくてはならない場面がある。このときに考えるべきことは何であろうか。やはり社会の目ということに尽きるように思う。法律やルール、会社の規則に載っていなければ何でもありなのではない。それを判断するための倫理観なのである。組織やグループのリーダーは、より公に近い人間として、崇高な倫理観を持って、率先して現場での理解を広めてほしいと思う。個人情報の管理、機密情報の管理、労働時間の管理、労働関連法規の理解の醸成と行動規範の徹底は総務部や人事部がやれば良いことなのではない。現場でのアクションが関係するわけだから、やはり管理職が、身近な事例などを用いて腹落ちする言葉で説明した方が良い。

料亭に黒塗りの車を横付けにしたり（近所の家の横にわからないように止めているのも多いが迷惑である）、ときには送迎のハイヤーを路上駐車させているケースも散見される。朝夕の車が増えるときはとても迷惑である。送迎される方にも問題がある。なぜ「他の人の邪魔にならないところに止めておいてくれ」とドライバーに伝えるとか、コインパーキングを利用することができないのだろうか。そんな人達に寛容である人間はほとんどいないと思う。そんな人に社会やコミュニティのリーダーが務まると思うことがそもそも間違っていると思う。家庭でも、正直であれ。誠実な人になれ。という話をしているわけである。まずは自分が手本を示した方が良い。

リーダーシップを発揮する

マネージャーとリーダーは同じものではないとして、「物事を正しくやるのがマネージャー」で、「正しいことをやるのがリーダー」というような説明を聞くことがある。心地良い説明だと感じる方もいるかもしれないが、私には全く刺さらない。無理矢理にも右足と左足の使い方の役割の違いを説明しているような感じがする。何かやるべきことがあるのだったら、何も出し惜しみする必要はないし、大いにどちらの要素も活用したら良いのではないだろうか。組織やプロジェクトチームでも似たようなことが起きる。リーダーとプロジェクトマネジメントの役割の違いなどである。役割は違うように書かれているかもしれないが、目的を持った組織やチームの一員として、高いパフォーマンスを発揮してほしい。

リーダーとリーダーシップの違いについて触れておく。リーダーというのは役割であり、リーダーシップというのは、一般的に「人が取る行動」である。これは誰でも一度は聞いたことのある説明であろう。スポーツマンシップのリーダー版のようなもので、「リーダーらしくあれ」ということである。リーダーでなければ、リーダーシップというものを考える必要がないのかというと、全くそうではない。誰でもリーダーシップを発揮することができるし、誰にでもリーダーシップを発揮する機会はある。スポーツマンシップに則り、正々堂々戦うことを誓うのと同じで、正々堂々と「正しいことをやる」ことに専念すれば良いのだ。ただし、あなたが正しいと思ったことでも他人からすると鼻につく行為と思われることもある。残念ながら、相手の基準であなたのリーダーシップは判断されているのだから、このようなことは時々起きてしまう。人間同士のことだから避けて通ることができない。

「リーダーシップの発揮」というものをロジカルに考えようとしたときに便利なツールがある。「相手があなたに対してリーダーシップを発揮していると思うか」。そして「あなたが自分でリーダーシップを発揮したと思うか」の2方向の切り口である。相手とあなたにそれぞれ、あなたの行動をリーダーシップの発揮と思ったのか、別にリーダーシップではないと思ったかどうか、そしてあなたが自分でリーダーシップを発揮したと認知していたのか、無意識に行動したことなのかである。相手が2通りのパターンであなたの行動に対して評価を下すのに対し、あなたは意識した行動だったか、そうでなかったかの2通りのパターンが考えられるので、つまり2×2の4つのエリアができることになる。ジョハリの窓という便利な考え方の単なる応用である。更に、何らかの目的があって行動することが前提にあるので、相手とあなたそれぞれに興味がある、興味がないという2×2の4つのエリアがその前のステップに存在することになる。こういうツールを使うことで、なぜ自分は他人から評価されていないのか？　自分のことを理解してもらう行動が足りているのか？　を客観的に捉えやすくなる。

普段多くの人が耳にするリーダーシップとは、自ら意識的に発揮する場面であることを認識した上でリーダーシップ行動を取り、その行動を見た他人がポジティブな影響を想像するという構図である。別に何発リーダーシップを発揮してもらっても構わないが、せいぜい人が見てリーダーシップと感じるのは、1つか2つである。そんなことで人の印象は作られている。同じ人間ではないし、同じ行動基準と裏側にある価値観も違うのだ。リーダーシップスタイルというのが研究されているが、私は大きな集団の説明をわざわざ個である自分にあてはめる必要は全くないのだと思う。

誰でもリーダーシップを発揮する機会があった方が良い。管理職には、現場のリーダーとして、チームメンバーが自発的に組織を良い方向に進めるための行動を取りやすい雰囲気や環境作りにエネルギーを注いでほしいと思う。すべてのメンバーに、組織の目的達成のために自分の正しいと思う行動を取ってほしいと思ったら、「リーダーシップ」を別の用語に置き換えてみると良い。例えば、あなたが唯一無二の専門家ならば「エキスパートシップ」を発揮してほしい。

家庭ではどうであろうか。面倒な話は先送りで、ほとんど話をしない。後で問題が大きくなるという事例をたくさん見ているのではないだろうか。子供の教育や親の介護、相続、それだけではない。親が高齢になれば、医療費や住む場所など、色々考える場面は増えてくる。家族以外には関わらせたくない話である。いや、関わりたくない話である。家庭だって、あなたがリーダーとなるべき機会はたくさんあるはずで、目指すべき方向に進めるために行動する大事な場所である。

第二章　強い組織を作るために

組織には成熟ステージがある。あなたが所属したときには既に成熟しきっていて、過去に組織の成長を牽引してきた先達の試行錯誤の結晶が、いまではリソースを無駄に消費する仕組みになってしまっていることも多い。

組織マネジメントと聞いて、どんなことを想像されるだろうか。バリバリ仕事をする課長や部長をイメージされるだろうか。組織の中の職位やタイトルがいくら立派でも、組織マネジメントが素晴らしいとは限らない。ビジネスモデルが良いから業績が上がっているのかもしれないし、もしかしたらそのポジションはなくても組織活動は円滑に動くのかもしれない。

一体彼らは何をしているのか考えたことがあるだろうか？　実際に根掘り葉掘り確認した経験のある方は少ないだろう。あなたが組織を管理する立場だったら、ご自身で何をしているのかきちんとメンバーに説明できるだろうか？　できる方にはこのようなビジネス本は不要である。

組織マネジメントが必要なのは、「効率良く、より高い成果を出すこと」が必要だからである。組織だけデカくして、よく考えずに分業を進めてしまうケースが後を絶たない。

単にデカくするのは簡単だし、分業を推進すると部門横断的な調整機能が弱くなるのが一般的である。組織マネジメントの究極の形は、結果を振り返って見て、組織化したことがポジティブに働いたことを説明できることであると考える。つまり、何らかの目的がある、その目的に基づき、組織化した方が良いという判断があり、組織化されるのであって、組織化してから果たす目的を考えるわけではない。普段の仕事が当たり前過ぎて、そんなことを考えたこともない人は少なくないと思う。何のために関係者を増やして、プロセスや業務工程を増やして物事をややこしくする必要があるのだろうか。ご自身の組織を眺めてみて、組織化した理由と組織化がもたらしている社会的ベネフィットを説明することができるだろうか。

組織化の目的は、それぞれの人が個別に何かをやるよりも、メリットがあるからであり、組織の目的を果たすために機能的かつ効率的な場合に限り組織化を進める必要があると思う。つまり、機能的だった、効率的だったということが説明できることが重要なのである。それが管理職や部長の成果なのである。「実行したこと」と「成果」との因果関係が重要なのである。そのために組織の管理者やリーダーは何をすべきか。いくつかの本には組織マネジメントのテクニックのようなものが取り上げられているが、そんなに簡単に組織マネジメントができたら誰も困らない。組織はすべてが別物であり、組織を構成する人も違うし、職種・業種も違えば、あらゆる意味でシチュエーションはバラバラなのである。従って、何かのテクニックで何とかできるようなものではないと考えるのが自然なのである。組織を機能させるためには、小手先のテクニックではなく基本の理解が不可欠で、まず組織の特徴を理解することである。

2-1 組織の存在意義と役割の整理から始めよう

まず、自分達が何のために組織化されているのか考えてみることが大切である。プロスポーツなどでは、「社会を熱狂させるチームになる」、「ワクワクと夢を与えるチームになる」というようなことを存在意義として掲げるチームは多い。会社組織としてはどうであろうか。創業理念、社会的使命というものは、組織の中に浸透しているだろうか。組織の役割・役目がどこかに記述されているだろうか。もしどこかに書いてあるのだったら、あなたはそれを見てどう思うだろう。納得感はあるだろうか。

例えば、開発という仕事は、サービスや商品の実用化を役割としていることが多い。では、「マーケティング」はどんな仕事をしているのだろうか。いわゆる「マーケティング」の仕事というものは、本来、何をするための仕事なのだろうか。潜在的な顧客の洗い出し。新製品のターゲットセグメントを精査すること。新製品について消費者からフィードバックを得ること。色々な答えが返ってくると思うが、多分どれもNOなのだと思う。経営者の究極の願いは、コマーシャル部隊を持たなくても、サービスや商品を必要としている人に漏れなく届くことなのである。

このように究極の存在意義を考えてみると、最終的には存在しないことという結論に帰結することがある。もし、他の効果的な方法でその組織の役割をカバーできるのであれば、その組織を縮小したり、リソースを他の活動に回すことができる。効率良く無駄の少ない活動で、最大限の成果を得ることは、組織活動として大事なことなのである。ビジネスでは基本的に組織の大小についてルールはないが、スポーツのようにルールが先にある場合は、チーム自体の縮小を考える余地はない。しかしながら、バックエンドのスタッフの充実は実際にパフォーマンスをする選手を支えるためにとても重要であったりする。

2-2　目標設定を始める前の準備

存在意義が理解できたら、次に自分達は何をする（成し遂げる）集団なのか？　を考える。経験のある管理職は、何をするべきか頭の中に絵が描けているから、すぐに何をするか具体的な年間スケジュールを作り始めてしまうところから始めがちである。細かいプロセスから整理してしまおうとするとまとまらないし、漏れと抜け、ダブりに気づかなくなる。また気づいたとしても調整が面倒になってしまう。そうなってしまうと嫌になってしまい続かない。いくら仕事として期待されていることとは言え、苦痛から逃げたくなるのは自然である。

まずは、なるべく大きな枠で考えてみる。３つくらいで、できる限り大きな枠が良い。組織の存在意義と一貫した行動になるように組織の目標をデザインするのがお勧めである。組織の存在意義をトップに置いてピラミッド式にまず３つくらい挙げてみる。挙げるポイントとしては、「組織の未来をより良いものにするための仕掛け作り（環境変化を見据えた戦略的な方向性付け）」、「短期目標を確実に成果にするための仕組み（組織の課題を特

マッキンゼーの7S

戦略（Strategy）
組織（Structure）
仕組み（System）
人材（Staff）
スキル・ノウハウ（Skills）
スタイル・社風（Style）
組織の価値観（Shared Value）

定し、近い未来の目標を達成する確率を上げる）」、「現行の仕組みの見直し（組織の機能をより強化する、更なる改善を取り入れる、無駄を特定して更なる効率化を図るなど）」である。簡単に書くと、「未来創造」、「結果を出し続ける」、「無駄を見直す」である。

課題の特定にフォーカスをあてた論理的思考法もあるので、混乱すると思うが、目標と課題は別ものとして考えてはいけない。修正プログラムを考える必要があるものは、すべて課題として設定することができる。課題があるから対応するわけである。対応した先にポジティブな変化を期待するのであれば、目標として置くことができる。具体的な目標をより確実に達成するためのアクションはどのようなフレームを使って整理したら良いのだろうか。マッキンゼーの7S（McKinsey 7S framework）を使うことをお勧めしたい。このマッキンゼーの7Sとは、組織を考える上で必要な7つの要素が分類されたものである。

戦略（Strategy）：勝つための優先課題は何か、どのように経営資源を配分するか

組織（Structure）：企業がどのように組織化されているか

仕組み（System）：管理システムや情報システムなどの仕組み

人材（Staff）：人材育成プランも含め、適材適所ができているかどうか

スキル・ノウハウ（Skills）：勝つために使うべき、メンバーや組織が持っているノウハウやスキル

スタイル・社風（Style）：組織文化や、意思決定スタイルのような組織運営のスタイル

組織の価値観（Shared Value）：メンバーと共有すべき組織理念や価値観

目標を設定する際には、自分の組織の置かれている状況や自分が任されている組織の特徴をよく理解してから具体的な目標設定とアクションプランに落とし込むステップになる。

では、まずマッキンゼーの7つのSについての理解を深めよう。

2-3　マッキンゼーの7つのSの理解

テクニカルスキルの基本中の基本として最初に挙げるならば、組織マネジメントのフレームワークである。視点と言い換えても良い。私はマッキンゼーの7つのSで考える方法を好んでいる。何故ならば、この7つのSの分類には、横串の分類である組織が持つハード面、ソフト面の視点からも簡単に整理することができるからである。この翻訳にも似た柔軟性に富んだ視点の切り替えがとても便利で、自分の分析を評価し、また更に上層レベルにカスケードし、シニアマネジメントの判断材料に使ってもらったり、戦略評価の中に入れ込みやすいというメリットがある。

ハードというのは、目に見える仕組みや構造を指す用語で、建物や機械などに代表されるものを意味する。また、ソフト面のソフトとは目に見えない仕組みや構造を指すもので、人材開発や研修、スキル、ノウハウや社風など形がないものを指す用語として使われる。

この7つの視点は、すべて重要なエッセンスであり、どこか1つだけで良いというわけではない。実際に考えてもらえばわかるが、1つの視点の中に色々なエッセンスが含まれるということがわかる。ここでもあえて厳密に区別することはリアルワールドの実務の世界では意味がないことを強調しておきたい。つまりこのようなフレームワークを使うと、漏れ無く重要なポイントを評価することができるというメリットがある。あくまでもツールなのである。

また、1つ自分なりの考えを加えるとすれば、Ｓｔｙｌｅというカテゴリーに社風という意味合いが含まれるが、あまり明確ではないので、あえて文化というものを加えて、ハード、ソフトそしてカルチャーという切り口で横串でも整理することをお勧めしたい。

戦略（Strategy）

もともとは軍事用語である。勝つために、あるいは目的を果たすために、使えるリソースをどこに投下するかを考え、何をするかを明確にすることが戦略構築の肝となる。ここでいうリソースは、人、モノ、金、情報そして時間のことを指す。戦略は、選択と集中を意味し、無駄遣いとは対極の考え方によって成立する概念なのである。例えば、採算の悪い事業をカットして、得意な会社に売り渡すことも、無駄遣いをしないという意味でも重要な意志決定になる。

情報管理やリソースの確保は組織のリーダーを含め管理職の大事な仕事の1つである。情報を十分に吟味していないのに戦略策定を試みることをしてはいけない。練りこまれたもの以外は響きの悪い標語のようである。例えば「革新的なテクノロジー」とか響きの良いキーワードを織り交ぜると、不格好さが目立たなくなる。なんとなく良いものができた感じがする。しかしながら、期待される効果が最大限になるように何をするのかわかりにくくなる。従って、戦略はしっかり練り込まれていることが大前提である。残念ながら、どんなレベルの人でも誤用しがちなのである。これはこれで仕方がないことではある。なぜならば、戦略の専門家が必ずしもシニアマネジメント、管理職に登用されるわけではないし、ワーキングレベルではむしろ戦術の方が重要で、ビジネスモデルが確立している場合においては、そこまで時間をかけて戦略を練りこむ必要もないので、当然のことながら戦略構築の経験も少ないし、考える時間もほとんどない。

目標設定で悩むことが多々あると思うが、いまあるリソースではどうにもならない場合がある。例えば、やることありきで設定された目標であったり、やること自体が目標になっている場合、更には無謀な目標や、やる意義に乏しい目標が、何らかの要因で先行してしまう場合である。そんなときには理にかなった戦略というものを立てることが難しくなる。分析結果に基づく戦略策定という大前提が崩れるから当然矛盾が生じるわけである。

それでも何とかするのであれば、いまのリソースで何とか勝てる方法を考えることになるわけだが、基本的にこのような状況に陥っていることに気付いていても、そのことを指摘するのが難しいことが多い。戦略が構築できない状況は多々あるが、組織内部の要因による影響も少なくない。ムラ文化やヒエラルキーも障害になる。旧日本軍が太平洋戦争で使った「人海戦術」は技術レベル（兵器）の差が歴然で、一対一では倒せないような相手に適応しようとしたわけだが、そもそも「複数でかかれば倒せるかもしれない可能性がゼロに近かった」ことがわかっていたにも関わらず、リソースの無駄遣いをしたわけである。極端な状況であるが、組織ではこういうことは日常的に起きている。

さて、戦略とは勝つために何をするかを定義することである。戦略を構築するときに、どんな準備をしたら良いか？　について説明を進めたい。ＳＷＯＴ分析が有名である。ＳＷＯＴ分析は、目標を達成するために、外部環境（業界の動向や競合の特徴や戦略を機会

（O：Opportunity）と脅威（T：Threat）という2つのカテゴリーで、また自分たちの組織の特徴を軸とした内部要因を強み（S：Strength）と弱み（W：Weakness）の2つのカテゴリーに分けて整理し、自分たちの組織の置かれている環境を踏まえた、リソースの最適活用を考えるための戦略策定方法の1つである。強みを活かし、勝てる機会を徹底活用するのがセオリーである。弱みというととてもネガティブな印象を与えるが、内部要因であるため、適切な対応を行うことで、弱みを弱みでなくすこともできる。重要なことは、客観的な情報に基づき、論理的に整理を行うということである。情報管理は、ここをしっかりやるためにあると言っても過言ではないだろう。

膨大な情報をどのように整理して、SWOTを作るかがとても重要なのであるが、状況をよく知らないメンバーだけでブレインストーミングを始めたり、見よう見まねでやってしまうケースがある。テクニカルスキルの項でも触れたが、スキルの誤用は意思決定に対してネガティブに働く可能性がある。理解が不足しているメンバーに手法を押し付けてはいけない。例えば、ブレインストーミングのようなものは他人の意見にケチをつけ難いシチュエーションを生む。しかも状況を客観的に評価できない人間が何人でSWOT分析をしても、時間を無駄にするだけである。また、組織のメンバーだけで話し合っていると、ベンチマークという観点が抜けるので、過大評価や過小評価してしまうことが少なくない。

SWOT分析は、最も業界の動向や戦力に精通している人間を巻き込む、無理なら外部のエキスパートやコンサルタントの活用を考える。膨大な情報を整理するには、相当のエネルギーを消費する。しかも、それくらい大事な話なのである。SWOT分析をするためのデザインを考えた方が良いということなのである。戦略策定にはブレインストーミングのような方法論の特徴や使う場面を理解しているメンバーが入っていてほしい。1日でワークショップなどを組んで、ミッションなどを作らせることがあるが、あれはあくまでも方法論を理解するためのハイライトに絞った演習であって、本当に考えなければいけないシチュエーションは、実は日々の仕事の中なのである。

タスクフォースというものを聞いたことがあるだろうか。特定の期間で、組織の問題を特定したり、ソリューションを提案させるために構築するスペシャルチームである。タスクフォースを編成すると、必ずと言って良いほど、SWOT分析に時間を使ってしまう。例えば会社組織であれば、膨大なサーバーを探せばいくつもの役目を果たせなかったSWOT分析が出てくるであろう。タスクフォースを組むときに、業界標準に詳しい人間や、ベンチマークを持っている人間が入っていなければ、主観の混じったSWOT分析ができあがるだけである。さて、あなたは組織の戦略を策定したり、課題を抽出したり、管理職としてどれくらいの引き出しを持っているだろうか。タスクフォース（第五章を参照）を効果的に編成できているだろうか。

組織（Structure）

組織というと、ついつい大きな部署を想像してしまうかもしれない。小さな組織を機能させることができなければ、大きな組織を動かすのは難しい。組織を機能する状態にすること、組織を機能しているか評価すること、必要に応じて修正プログラムを提案することは、人が増えて関係者が多くなればなるほどやりにくい。経験がなく、何をしたら良いかわからなければ尚のことである。大抵の人は、聞き齧りの知識くらいで、いきなり「はい、今日からこのグループがあなたの組織です」という状況に置かれるので、経験のない管理職になりたての人は、何から手を付けて良いか迷うところであろう。

最初の90日に何をするか？　ということにフォーカスしたビジネス本を手に取り、あれこれ考えることになるわけだが、90日が大事なのではなく、何をするかを考えるために、自分たちのチームや組織は何をするために存在していて、どういう価値を会社活動の中で生んでいるのかを理解し、そのために自分たちは何をしなくてはならないかを考えることが重要なのである。90日でも100日でも構わないが、まずは、組織の特徴的なところを把握してほしい。例えば、チームと置き換えても良い。チームには目的があり、チームを編成・組織する理由がある。それは例えば、一人で何かをしようとすると時間もかかるし効率も悪いときである。スポーツなんかはルールが先行していることが多いが、元々一回であのようなルールになったというものはそれほど多くない。

さて、チームを編成するときは、何をするだろうか。同じ役割を複数の人でやるのは何となく非効率的なので、分業ということを考えだす。その分業に適したチームメンバーを決める。職場では、やりたいことよりもそれぞれの人の専門性で分けることが多い。目的を果たすために必要不可欠な役割（作業分担）を決める。分業が進化していくと、専門性の同じ人同士をグループに分けて、エキスパートの集団を複数作ることを考える。その方が、何でも担当させられた場合と比べて、あるエリアの専門性が同じ時間で効率よく高くなるからだ。

プロジェクトチームを作るときによく活用されるクロスファンクショナルチームであれ

ば、必要不可欠な専門性を持った人がそれぞれのグループから割り当てられて1つのチームとして構成される。当然、異なる専門性で構成されるわけであるから、作業分担としてダブりや漏れがあるのはチームのデザインに欠陥があるということになる。そして、目的を果たすために、それぞれのメンバーが果たすべき役割について行動基準（業務手順や業務プロセスなど）という形で決められる。通常は、漏れがないかどうか徹底的に精査されて決めるが、あらゆる可能性を想定することはできないので、主な役割が記載されて例えば職務記述書のようなものとしてまとめられる。分業したら当然調整するのがセオリーなわけである。横串で管理・調整する役目が必要で、目的を果たすために各メンバーが役割通り動いているかどうか、同じタイム感で動けているか適宜修正を図る。

本来は分業が先でも、横串機能が先でもない。つまり、組織として何をしなくてはならないかがあって、分業が選択されるということが重要なのである。しかしながら、既に構築されたチームで何かをするのが常識のように思ってしまうと、チームの責任者として自分が何をすれば良いのかわからなくなる。出来上がった組織のオペレーションを引き継ぐだけだから、管理職というよりはむしろパーツの1つなのである。よく考えてみていただきたいのは、ただでさえ皆同じ人間でもないのに、職務記述書を見て、自分が何をすべきかなんてことをスラスラとイメージできる人は多くない。まして新任の管理職・リーダーの場合は、「チームは機能すべき」だという錯覚を起こす。

ハーバードビジネスレビューに驚愕の記事が載っているが、クロスファンクショナルチームの75%は機能していないという。本来は、目的とチームの専門性に基づき作業分担が決まるはずなのであるが、役目として定めてしまったところがそもそも問題なのである。標準業務手順書は便利であるが、本質を見誤り、書いてあることしか実行しない病が蔓延する原因になる。組織デザインの理由と、デザインの根拠を理解することは極めて重要なことである。そしてそのチームでやったことが成果物（アウトプット）になるのだ。品質（クオリティー）が良いとか悪いとかいう話がある。品質とは何等かの根拠に基づきデザインされたシステムや仕様を反映するアウトプット（成果物など）が、アウトプットの要求者の主観で良いとか悪いとか評価されるという特徴がある。責任者であるあなたが、どういうチームや組織にデザインするかが重要なのである。

仕組み（System）

組織には存在意義がある。組織のところでも述べたが、組織は目的を果たすことで社会に何らかの貢献をしているのだ。しかしながら、あるときは調子が良くて、あるときは調子が悪くて、全然クオリティーが定まらない。それは仕方がない場面もあるかもしれないが、できるだけコントロールしたいと思う人は少なくない。組織は成熟度に伴い、一定のアウトプットを提供するシステムというものを構築する方向に進む。

システムとは半永久的に一定の品質のものを提供できる仕組みのことをいう。我々が使っているPCにもオペレーティングシステムというものが入っている。例えば「あ」と打ったのに「ぴ」と出てきたら困るわけである。そのままでは、システムとして成立しないので、速やかに修正が図られる。システムを組織に置き換えて考えるとき、何がそのシステム構築の肝になるのだろうか。標準業務手順や職務記述書、それから詳細なオペレーティングマニュアルや手引きというものが該当する。システムを構成する一部として、人という扱いの難しいリソースに機能的に動いてもらうための工夫は、このような文書を作成する、その通りに動いてもらうということでなされている部分もある。

いきなり全部のマニュアルや手引きを覚えるのも難しいから研修やトレーニングがあり、システムを機能するものにするため努力しているのである。手順通りにやってエラーが頻発するのであれば、その手順を修正することもシステム管理という意味ではとても重要なことなのである。

監査というものは、そのシステムが一定のアウトプットを出し続ける仕組みとして問題がないのか、あるいはプロセスとして問題がなかったかについて色々な角度から精査する活動を指す。つまりチェック機能だけでも不十分であるし、システム全体を俯瞰するだけでも、エラーを捕捉できない可能性もある。アウトプットについて一定の考えを持つ（アルゴリズムを構築する）ことが重要で、すべてを完璧にすることは人間が絡んでくると尚のこと難しい。しかしながら、最低基準だけを守れば良いということではない。そこで重要なのがコンプライアンス的な考え方なのである。これは人がやっている、やっていないに関わらず、自分は絶対にこれは遵守するという姿勢が大事なのである。

これら3つのSは「ハードのS」というカテゴリーに分類される。経営陣の意思決定によって変更できる部分である。しかしその意思決定を行い、ハード面を変更・導入したとしても、その企業で働く社員はすぐには変わらない。そこで、以下の「ソフトのS」が重要になってくる。

人材（Staff）

組織の活動モデルは多様である。すべて人の力を借りずに活動が成立するのであれば、人材というもので悩むことは少ないだろう。しかしながら、人が主体となって活動を成立させているモデルにおいては、人材に関してエネルギーを注ぐことが重要である。言い方を変えると、人の持っているスキルや知識が重要なモデルであればあるほど、例えば、採用面接やオーディションのような場を設けて、自分たちのモデルが必要とする人材を求めることになる。

組織がより高い目標を達成するために、あるいは更に大規模な社会貢献を目指すことになると、組織に関わる人のパフォーマンスを上げたくなる。組織のサイズを大きくすることを考えることもある。サイズも拡大し個々のパフォーマンスも上げることができれば、更に好都合である。人材開発の目的は、人材の能力を向上させることにある。精鋭だけであれば、何も時間とお金を使って、人材開発なんてする必要もないと思われがちだが、精鋭ほど自分を更に磨きたい欲求が強く、様々な機会に貪欲である。

最近はグローバル人材という意味不明な言葉が一般化してきたようだ。私は、誤用されやすいモヤモヤ用語が増えただけで、本当の意味で一般化したとは思っていない。私が、海外の研究開発部門で働いていたときのエピソードであるが、彼らは自分たちがグローバルプレイヤーという自覚がほとんどない。日本企業が海外進出を考えるときは、「異文化コミュニケーションスキルが最も重要」ということを強調されることが多い。

一方、私が一緒に仕事をしていた連中は口を揃えて「専門性が最も重要」だと言う。専門家としても評価される仕組みを持っている組織が多いせいか、何も管理職になんかならなくてもエキスパートを登っていけばサラリーは増えていく。好きでもないのに、得意でもないのに無理矢理にでも管理職を目指す必要はないのかもしれない。私のいた日本の組織にはエキスパートラダーはなかった。ある一定の年齢になると、なんとなく管理職を目指すことになる。目指さないといけないような雰囲気を感じる。もちろんこれが嫌な人もいるわけであるが、本人の気持ちとは裏腹に管理職を目指すことを推奨したり、もしかしたら強要している場面もあるのかもしれない。

このような状況はもしかしたら人の能力を伸ばすことの障害になるかもしれないと、帰国後に強く思うようになった。グローバル人材には「異文化コミュニケーションスキルが重要」だという日本人的感覚満載で、盛んに議論しているが、海外組織の第一線で活動した経験に乏しい人達で、神格化された人材像を創り上げることに何の意味も感じない。企業を対象にアンケートをとったりしているが、そもそも英語や文化の問題ではなく、固定観念や問題すり替えのマインドの問題なのだと思う。自ら作り出した壁で自ら怪我をするといったところか。

女性活躍関連でも同じようなことが起きていると思う。色々な記事で、日本の女性管理職は海外と比べても少ないということが取り上げられている。女性管理職を増やすことに数値目標を立ててしまっているケースもある。何年か経っているわけだが、数値目標の達成にはほど遠い状況で、女性管理職としてのロールモデルが少ないというようなことを言い出す始末。これは問題のすり替え以外の何者でもないと思う。まず管理職としてのロールモデルを作ることに専念した方が良いのではないだろうか。魅力を感じないものは、やっぱり性別関係なく魅力を感じないのだと思う。

パフォーマンスの高い人たちを使って、そういう人達に共通の特徴を研究・分析して、その特徴的な部分を細かく分類したもので、コンピテンシーというものがある。コンピテンシーの定義については、バリエーションは多いが、ほぼ「業務遂行能力の高い人たちに共通する行動特性」と言えると思う。この行動特性は、人材開発ツールとして組織マネジメントやビジネスの場で広く活用されている。なんであの人は業務遂行能力が高いのか？これを学問的に「見える化」するために試行錯誤の末に出来上がったものである。

面白いのが、コンピテンシーの高さは、学歴や専門性の深さと必ずしも強い相関関係があるわけではないことである。無人島に置き去りにされてしまったら、サバイバル能力が問われるようなイメージである。コンピテンシーの詳細については第三章を参照のこと。

スキル・ノウハウ（Skills）

既にイメージの固まっている組織というものはたくさんある。例えば、名前を聞いて、「あそこは○○だよね」とすぐにレスポンスが返ってくるような組織は、そのイメージを作り出すことへの努力をしている。組織でも同じであり、Aさんと言えば問題解決だよね。

最近のＩＴ事情についてはＢさんだ。という具合である。自他共に認められることが誰にとって良いのかはさておき、逆にＣさんしかできない仕事というのがあったとき、あなたが経営者だったら何を思うだろうか。その技術が世界で一人の人間国宝級の技だったならば、逆にある程度のエキスパートだったら誰でも似たようなことを実施している方法だったら。エキスパートほど、自らの専門範囲に関してノウハウをいくつか持っていることが多い。

「ノウハウ」と聞いて、あなたは何を思うだろうか。聞きたいときに聞けばいいくらいの需要レベルであれば、○○さんが組織内にいれば、いつでも聞くことができるから、さほど気にならないかもしれない。ただ、その○○さんのノウハウを見える化することで、組織全体にポジティブな変化が期待できるかもしれないと思ったら、どうだろうか。いまの組織のほとんどの人に知っておいてほしい、習得してほしい技術や知識だったらどうだろうか。エキスパートが体得している何らかの技は基本的に細かく手順やプロセスが表に出てきていないことが多い。だから、ノウハウ本や自己啓発本のニーズが多いわけだが。このような知る人ぞ知るノウハウを、「暗黙知」という。これを誰でも参照できて、参考にできる形に変えることを「形式知にする」という。「自分の背中を見て育て」という世界観が重要だと思える場面を除き、私は、管理職にはそのようなマインドを持ってほしくない。求められるスキルも、そのスキルを磨くために使える時間も、組織の中での役割も同じではない。

例えば後進を育成するのに、あなたが育った時間と同じ時間がかかるならば、その方法を選ぶわけがない。将来予想される労働人口の形は、確実にあなたが膨大な時間をかけていまの知識レベルになった以上の効率化を追求することを助言している。テクノロジーの進歩もある。数人の社員で一台のパソコンを共有していた時代、役所に提出する膨大な資料を手で書いていた時代ではない。

いまの若い世代は、あなたよりもはるかに刺激的なテクノロジーを受け入れることに寛容である。そういう人達を1日も早く現場レベルのリーダーに育成するために何をしなければならないのか。誰なら、一番効率よく人を育てることができるのか。誰なら現行の仕組みを更に効率的にするためのアイデアを出してくれるのか。誰なら、暗黙知を形式知にしてくれることができるのか。誰なら、自分たちの組織以外でやられているアイデアを調査・分析して、導入することを提案してくれるのだろうか。

自分たちは、いま決められたことだけをやっていれば良いと思う人が多ければ多いほど、ノウハウは、日々見過ごされていく。効率化を重視して、分業が進んでいく代わりに、もっと効率の良いアイデアや、ノウハウを形式知にする工夫への興味は薄れていく。専門性やスキルは人が高めることができる最も重要な武器であり、ノウハウは、その武器の効果を何倍にも変えるヒントになるのである。

スタイル・社風（Ｓｔｙｌｅ）

その組織での活動に関しての意思決定や文化的な側面を表している区分である。トップダウン・ボトムアップという言葉がある。多くのビジネス本では、トップダウンとボトムアップのことなどがＳｔｙｌｅのセクションで取り上げられている。私は、このトップダウン・ボトムアップどちらにも否定的である。差別的なものを感じる。

コンサルティングという商売柄、意図的にあえて否定的な側面から入ることがあるわけだが、組織の仕組みとしては、どちらも重要であり、どちらも活発な方が健全だと考えているからである。だいたいどちらも、お互いのやっていることを無視して、罪を擦りつけあうような悪い意味で使われることが多いと思うわけであるが、自分たちの組織ではどうであろうか？　私は、ボトムがどうとかトップがどうということではなく、組織を構成するメンバーのリーダーシップがどう発揮されやすい構造になっているのか？　という切り口で考えるようにしている。

私は、究極のスタイルは、組織を構成するメンバーすべてが、リーダーシップを発揮できる文化だと考えている。誰でも気づいたらアイデアを挙げられる場所。倫理的に社会の視点から「おかしいな？」と思ったらすぐに相談できる場所（報復されないような配慮が必要）。忖度のない世界。これは誰が作り、誰が導入するべきなのか。あなたには百年早いとか、出過ぎた真似をするなとか。念のために上司にお伺いを立ててみるとか、だいたい上司って何をする役目なのだろうか。本当は組織を効率化するための仕組みで中間管理職を置いているはずなのである。それがリソースや時間の無駄遣いにつながる要因になることもある。

「取引コスト」という言葉を聞いたことがあるだろうか。例えば、上司を説得したりするのに費やしたりする時間やリソースのことを指す。上司がありとあらゆることを理解できているということがまずありえない。だから上司への説明に時間を使う。その上司は更にその上司に挙げるかどうか悩む。「確かに良いアイデアなんだけど、予算取れるかなぁ」とか、まず「自分が細かく質問されたときにちゃんと説明できないから、もうちょっと説明してもらおう」ということで別途時間を取る。そこで、「こんなスライド入れたらどうかな?」と、あたかも良いアイデアのように助言してしまう。そしてその助言のようなものを指示・命令と受け止めた人が更に時間を使う。何度かそんなことを繰り返していくと、だんだん面倒になってしまう。いいアイデアを出すことよりも、目の前の仕事や自分の守備範囲と言われていることだけに集中した方が楽だと思わせてしまったら、お互いに最悪だと思う。組織としては悪いリソースの使い方になる。最初は正義感・社会的使命に燃えていた人材も、そんなことを何度も経験すると、組織化されてしまう。これはどこの組織にもあることなのだと思う。人間が役割を担っている以上、なくすことは不可能だと思う。だから何をするか?　これを考えることが重要なのである。

特に組織のトップは、自分の一言一言が想像もしないほど影響力を持つことを念頭においておいた方が良い。実際にトップだけど、自分は何も知らないし、どうしたら良いかわからないと言える正直な人もいる。でも、現場に近い人ほど、トップに近い人こそリーダーとして異次元級のスーパー能力をお持ちに違いないという幻想を抱く。専用のオフィスをもらってそこで踏ん反り返っていないで、会議の場でダメ出しをするのではなく、何をすべきか。どうあるべきか、しっかり説明することに時間を使ってほしいと思う。あなた方こそ「忖度や非効率と戦うことを期待されて」高いサラリーをもらっていると思うわけである。経営・運営側に近くなればなるほど、脳みそに汗をかかなくてはならない。強力なネットワークや知識・スキルを自慢に使うのではなく、社会や組織のために活用してほしい。クライアントやステークホルダーはメンバーを通して、あなたの組織とあなたの管理職としての評価をしている。

組織の価値観（Shared Value）

理念は極めて重要だと思う。なぜなら、社会的な側面から組織の存在意義や存在価値を考え、宣言する行為だからである。しかしながら、お題目になっているだけのことが少なくない。すべての組織のメンバーが社会とのつながりを感じることができるパワフルな組織・企業理念は人の人生観をも変える強力なドライバーになる。自分のケースであるが、かつて所属していた組織の企業理念をそのまま家庭でも使っている。「人である以上、組織の人としてスキルを磨くことも大事ですが、まずは善い市民でありましょう」というものである。とても共感できるし、社会的に影響力のある組織には多くのタレントが集まるだろう。人は、合理的でありたいと思う反面、共感を求める生き物なのである。

企業理念は、色々な仕組みが考えられている。大きなお題として1つの文章で書かれている場合。たった数文字で表現している組織もあるし、大きなお題が1つあって、そのお題に対して自分たちが得意とすること、大事にしていることをいくつかの切り口で並べたもの、囲んだもの、様々である。重要なことは、誰もが理解できて、共感してもらえることである。特に日本ではお金儲けというと悪いイメージを思い浮かべる人が多いが、その組織が存在していなかったら社会的に困ってしまうという組織で常にありたいと思い創業する人が、組織を立ち上げるのである。既存の組織に参加して活動をする人にも、同じような気持ちを持ってほしいという思いがある。しかし、そういうことを説明するリーダーは少ない。

人は、ＳＦ映画のように人の心を読んだりする超能力を備えていないから、他人の思っていることを完全に理解することはできない。自然に自分の考えていることが浸透していくことはない。管理職は、組織・企業の価値観について自分の言葉でメンバーと話をしてほしい。話すのが上手いとか下手ということではないし、プレゼンテーションスキルの問題ではない。この理念というものは、共感できるものかどうかの話なのである。その人を信用してくれるかどうかでもあるのだ。

有名な世界ホテルチェーン企業の理念は、スタッフがどう行動・決定したらいいのか悩んだときの拠り所になっている。顧客中心主義という言葉が流行化している。ただ安易にフォローするのはどうだろうか。本質を理解し、自分たちの組織の中で消化して、自分たちの定義を再構築して、自分たちのやっていることと関連づける行為は良いことだと思う。しかしながら、悪用とまでは言わないが、流行のスローガンを掲げることで、漁夫の利を得ようとしていると思しきケースも散見する。

2-4 目標設定とアクションプラン策定

さて、マッキンゼーの7つのSを使って、自分の組織のことを整理し始めたら、色々なことが見えてきたのではないだろうか。自分たちというものがわかっているのと、わかっていないのとでは、目標設定およびアクションプラン策定の具体性は雲泥の差である。やらなければならない活動があるのに、割り当てられる予算がない、実はリソースが足りない、事業を拡大したいのにそもそも自分たちが売りにしようとしているサービスのノウハウがまとまっていない。プロセスも整理されていない。役割がデザインされていない、など枚挙にいとまがない。数年後にどういう組織にしていたいという想いがあればこそ、現実と目指したいところのギャップが見えてくる。もちろんやれるのであれば、全部やるに越したことはないが、リソースが潤沢でないならば、重要かつ優先度の高いものへのアクションが後回しになるのは避けたいところだ。

目標はあくまでもゴール地点であるから、色々な方法・手段で到達することが可能なのである。目標を設定するだけでは、管理職の仕事を全うしたことにはならない。アクション、つまりＨｏｗ（どうやって？）の部分を工夫次第でコストを下げたり、プロセスを改善したりすることを考えて実行することも必要なのである。

最も効率よく目標を達成するために、最優先で対処しなくてはならないもの、重要度を考慮してやることを分類し、自分たちの使えるリソースを使った効果が最大になる、つまり費用対効果の良い活動を通じて、自分たちの組織を強くしていくことを考えることこそが、管理職の仕事のイロハのイなのである。思い付きで「これやろう」、「あれやろう」が許容される部門や場面ももちろんあるが、組織化したことの意義を考えると、しっかりとした分析が伴わないアプローチはあまりお薦めできない。

具体的なアプローチとしては、「目標設定をする前の準備」の項で触れた通り、3つくらいの大きな枠で、何をするかを分類し、その下に、マッキンゼーの7つのSを基に出てきた課題や問題をリスト化する。それらを眺めてみて、優先度と緊急度で絞り込みを行うプロセスである。

はじめに、①「組織の未来をより良いものにするための仕掛け作り（環境変化を見据えた戦略的な方向性付け）」、②「短期目標を確実に成果にするための仕組み（組織の課題を特定し、近い未来の目標を達成する確率を上げる）」、③「現行の仕組みの見直し（組織の機能をより強化する、更なる改善を摂り入れる、無駄を特定して更なる効率化を図るなど）」に対して、7つのSに絡めて挙げた問題や課題をリスト化して3つのグループを作る。

そして、グループ毎に優先度、緊急度を考慮して、アクションの絞り込みを行う。絞り込みを行う際に絶対に忘れてはいけないのは、やらなければ現在あるいは将来に負の影響が想定されるものは、絶対アクションアイテム。優先度は低いが、時間をかけてじっくり取り組んでおくようなものは、できる限りやるアクションアイテムというように区別をつけることである。この区別はご自身の組織の考えが重要で、何か重要な基準に基づき区別をつけることである。

例えば、具体的な実行中のプロジェクトや事例を使って、色々な問題や課題をリスト化する。その中には現行のプロセスに修正プログラムを検討するアクションがあったり、仕組みを回すために管理できるスタッフを育成することであったり、さらなる効率化を検討するために情報処理プロセスを効率化したり情報共有プロセスを確立したり、工夫は星の数ほどある。その工夫を考えるために、自分の組織の役割として重要な専門性を高める、情報マネジメントを徹底する、分析・評価のためのテクニカルスキルを磨くという行動が常に必要になる。目標だけ考えて、後はグループメンバーが結果報告に来るのを踏ん反り返って待っているだけでは、管理職の役目を果たしたとは言えない。

2-5　問題や課題の原因を分析する

さて、せっかく目標設定とアクションプランを考えてみたのだが、実は落とし穴がある。先に説明した方が良いという考えもあるが、あえて最も重要な項目をここで持ち出すことにする。アクションプランが、課題や問題の原因に対して、有効な行動になるようにデザインされているかどうかである。もし十分に問題や課題の原因が特定できていない場合、本当にそのアクションを実行する意味があるのだろうか。ただ、やってみただけになってしまうリスクが高くなる。アクションが奏功しない可能性はできる限り小さくしておこう。また、効果が期待できないアクションの優先度を上げるのもやめておこう。

原因分析の手法はいくつかあるが、まず問題や課題に対して「なぜ?」と問いかけて、ピラミッド式にどんどん答えを掘り下げていくトヨタ式の5Whyというものがある。特別なスキルを必要としないからお勧めである。注意点は、「漏れなくダブりなく」である。掘り下げの中で漏れがあり、そこに原因が含まれていたら意味がないので、ミッシーという手法(MECE:Mutually Exclusive Collectively Exhaustive)で、掘り下げを行う。

他にも論理的原因分析の手法は数多くあるが、わかりやすいので、トヨタ式から始めてみるのが良いと思う。もしメンバーや組織に問題解決の手法に精通した人材がいて、可能であれば手伝ってもらおう。とにかく原因を特定することはその後のアクションの効果に影響を及ぼすので、手を抜いてはいけない。もちろん課題や問題の原因を特定する以外にも使えることができる。例えば、目指す姿をイメージするときも、どうしてそこを目指す必要があるのかロジカルに考えることの手助けになる。漠然と良いことだろうというものは聞こえが良いが、本当に時間やリソースを使って目指すところを特定して、納得感のある目標を目指してほしい。

2-6　アクションと進捗確認

目標設定とアクションプランが策定できたら、いよいよ行動開始である。アクションの前に、必ず考えておくことがある。「誰と一緒にそのアクションを実行するのか？（関係者の洗い出し）」、「誰がそのアクションをリードするのか？（役割を明確にする）」、「予算や使用可能なリソースは何か？（戦略面での調整）」、「どういう会議体でどんなタイミングでどんなメンバーに報告をあげる必要があるのか？（報連相スキームの確立）」、「そのアクションはいつまでに完了させるのか？（タイムラインの策定）」の5つである。もちろんやりながら関係者を絞り込んでいく手法もあるし、進めていく中で、変更・調整を図る必要が出てくることもある。だから、アクション開始時点までに関係者を厳密に特定しておくところまではしなくても良い。しかし誰がリードするのかについては明確にしておいた方が良い。

誰がリード役になり、そしてどのような権限を持つのかを明確にすることはとても重要である。管理職であるあなたがリードする場合は、それほど問題にならないが、よくある事例としては、あなたからリード役を指名されたメンバーが一体何の権限を持つのか把握できていないということである。権限は委譲されるものであるから、リーダー役を命じられた者には何の問題もない。権限を明確にするのは管理職であるあなたの責任である。そのアクション自体は誰がオーナーで、そのアクションに対していくらの予算を持ち、どういう会議体でどんなタイミングでどんなメンバーに報告をあげる必要があるのか、不明確なまま「よろしく」というケースは多い。

また、リード役が色々面倒な場面で面倒な役回りを押し付けられることがある。役割や権限が明確になっていないから、最終的にはリーダーがやるべきだという話になりやすい。リーダーだからしょうがないから引き受けてしまうというのもよくあるパターンである。上手くいっていれば良いが、メンバーみんなが初めて経験するような仕事や難しい仕事は上手くいかないことも多い。難局ではチームメンバーの多くがフラストレーションを感じるような場面も少なくない。特に意思決定のプロセスについてはリーダーシップと実際の権限が混同されることも多い。だから、事前によく考えてリーダーの持つ権限を設定しよう。

更に、期限を決めないケースにおいても管理が難しくなるので、気を付ける必要がある。よくある事例として、いつまでにそのアクションを完了させるか、つまり期待する結果を伴った行動として完結させるかを設定していないケースがある。自分がアクションのメンバーに入っている場合はあまり問題にならないが、自分がアクションメンバーに入っていないとき、これは完全に指示側の問題である。指示する側、指示される側が、同じ人間ではないからである。同じ時間で同じことができるとも限らないし、同じような思考アルゴリズムを持っているとも限らないからである。どれくらいでどのような段階に到達するのが良さそうなのかは、あらかじめ指示する側と、指示される側でタイム感を合わせておきたい。

例えばあなたがやったことがあることならば、だいたいどれくらいの時間が必要かの目安は立てられる。目安のタイムラインよりも遅れそうであれば、速やかに話をする機会を持ち、速やかに修正プログラムを打つ、タイムラインの修正を図るなどのアクションが必要なのである。グループメンバーがどのようなアクションをしていて、いまどのようなステージにいるのか把握できていないケースは少なくない。新人管理職にありがちなことである。メンバーの業務とそれらの業務の進捗が把握できていないのであれば、どんなベテランでも管理職としての役割を果たすことが難しくなるから、問題や進捗を知ることに対して受け身の状況に自分の身を置くことは、全くお勧めできない。

メンバーが自分のところに細かく報告に来ないことを問題視する管理職は多いが、まず自分の管理の仕方を変えることが最優先だと思う。メンバーとの報連相が上手く行っていないから、あなたがマイクロマネジメントをするという行為を選択するのであって、マイクロマネジメントが必要な状況を作っているのはあなた自身なのであると考えた方が良い。

2-7　組織マネジメントの進め方の整理

組織マネジメントは、一度誰かからエッセンスを聞いたり、本を読んだくらいで覚えられるということはない。経営学修士コース（ＭＢＡ）でも座学的に学ぶ内容であるが、実際の活動の中で試行錯誤して、座学の中で言っていたことが何を意味するのかを理解できる。天才だってやったことがないことはわからないのである。必ず、やってみて良かったと思える日が来るので、是非ともご自身の組織の活動の中で実践してほしい。

本項で触れたことは、組織マネジメントのイロハのイであるが、どんなレベルの管理職にも役に立つので、チェックリストとして活用してほしい。

1. 組織の存在意義を確認する。
2. 組織の目標を大きな視点で、3つくらいのカテゴリーで構成する。組織の存在意義を頂点にして、ここで考えた3つのカテゴリーを組織の存在意義の下に並べてピラミッドのようなマトリックスを作る。カテゴリーを作るポイントとしては、漏れなくダブりなくの原則に基づき、組織の存在意義に寄与するものを考えるようにする。

例

✓「組織の未来をより良いものにするための仕掛け作り（環境変化を見据えた戦略的な方向性付け）」

✓「短期目標を確実に成果にするための仕組み（組織の課題を特定し、近い未来の目標を達成する確率を上げる）」

✓「現行の仕組みの見直し（組織の機能をより強化する、更なる改善を取り入れる、無駄を特定して更なる効率化を図るなど）」

3．課題と問題をマッキンゼーの7つのSを使って、抽出する。問題抽出のポイントは、放っておくと、組織の将来に負の影響が出るものである。ここで洗い出した課題・問題を、2で策定した3つのカテゴリーに分類する。

4．3つのカテゴリーに分類した問題や課題の原因を特定する。原因が特定できていない場合、ただやってみただけになってしまうリスクが高くなる。アクションが奏功しない可能性はできる限り小さくしておこう。

5．それぞれの問題や課題の原因が特定できたら、必ず対処したいものと、余力があったらやりたいものを、緊急性、優先度という切り口で、整理する。マッキンゼーの7つのSは、組織の課題や問題を漏れなく洗い出すためのツールであるため、3つのカテゴリーに分類した後も、マッキンゼーの7つのSの区分は気にする必要はない。あなたの組織が直面している案件が、緊急性および優先度がいずれも高いものなのであれば、このような区分は気にせず対応法を考えた方が良いのである。3つのカテゴリーの中にある問題・課題の中で、優先度・緊急性が共に高いものは、速やかに目標として設定しよう。

6. 次に設定した目標それぞれを達成するためのアクションを検討する。リソースがどれくらいかかるのか、時間はどれくらいかかるのか、そのアクションに期待される効果はどれくらいなのか、実現可能性を丁寧に検討する。再度、横並びで優先順位を検討するために、3つのカテゴリーの中で更に優先順位を付け直すことも重要なアプローチである。例えば、Aというプランは、リソースはそれほどかからないが、効果があまり期待できないのであれば、別のBというプラン、Cというプランを検討する必要があるかもしれない。その優先順位は自分たちの組織の中の価値観などを基に検討することをお勧めする。

7. アクションを検討したら、誰をメンバーにして、誰がリーダーで役目は何で、リーダーがどういう権限を持ち、予算はいくらで、どういうプロセスで進捗確認をし、組織全体での報連相のスキームがどういう形になるのか具体的に練り込もう。マッキンゼーの7つのSで、自分たちの組織のことが整理できていれば、いまある仕組みを最大限に活用できるし、より戦略的に実現性の高いアクションが策定できる。自分たちの組織のことをよく調べていないと、無駄に新しいフレームを作ろうとしてしまいがちである。現行の仕組みをフル活用することも大事なのである。

8. 各アクションにはマイルストンとトリガーを設定する。マイルストンはどちらかというと途中経過として重要な目標に対して設定する。トリガーとは引き金のことであり、例えば、この時点で目標の数値が達成できていなければ、別のアクションを発動するなどのように設定するイメージである。いちいち全部の活動が終わって、完全に挽回できない状況になって次を考えるというのはやめた方が良い。トリガーは、修正プログラムを導入する際にも使えるから、必ずしも決まったマイルストンだけというわけではない。例えば、同タイプのエラーが3件確認できた時点という設定の方法もある。

9. アクションの中で他の組織やチームと共有した方が良い事項や経験が出てきたら、単なるアピールではなく、ロジックを共有しよう。使いまわせるロジックこそが、ノウハウになり、更に組織の効率化や組織強化につながる。ベストプラクティスは日々塗り替えるものである。

第三章　管理職のスキルの向上と人材育成の鍵はコンピテンシーモデルにある

管理職やリーダーは、チームやグループメンバーの成長にどれくらい興味を持つ必要があるのだろうか。経営者視点で考えると、できる限り多くの時間を使ってほしい。なぜなら組織が更に高い目標を達成するためには、生産性の向上は不可欠だからである。生産性の定義は、一律に説明するのが難しいので、組織の大きさや直面している問題を踏まえて各々が考えてほしい。生産性を上げるためには、スキルの高い人の数を増やす、個々のスキルを上げる、工程を効率化する、不要なことを止めるという選択肢くらいしかないからである。

精鋭しかいないのであれば、余計なお世話であるが、例えば組織が100人いる場合、スキルアップが必須のメンバーは何人いるだろうか。答えは全員というのが模範的なのではあるが、組織が大きくなればなるほど、全員を対象に研修やトレーニングを行うことは難しくなる。予算や時間に限りがある場合、費用対効果に優れた方法が好ましいわけだが、どのようなアプローチを考えるべきであろうか。これも戦略トレーニングの一環である。

組織の中には必ずと言っていいほど、影響力の大きな人がいる。例えば、人に教えるのが上手な人がいる。後輩からの人望が厚く、多くの若手がロールモデルにしたがる人。経営層からの信頼が高い人。なぜか敵が少ない人。どんなことでも自分流を貫き通す「キャラが濃い」人。逆に働かない人の代名詞としていつも名前が上がってしまう人など、枚挙に暇がない。そういう人達からトレーニングを行うという方法も一案である。また会社組織のようなケースでは、経営者側の分身というべき中間管理職のスキルを上げて、管理職がマネージするグループのスキルアップ策を考えてもらうというアプローチがある。

さて、管理職がグループメンバーの能力向上を評価するための切り口はあるのだろうか。能力には色々なジャンルがあり、自分が苦手なこともあるわけだから、すべてを客観的に評価できるわけがない。更にグループメンバーの数が増えたら、もう手に負えなくなる。管理職に対する適正なグループメンバーの人数のことを指す「span of control」という言葉を聞いたことがあるだろうか。10名程度という説が多いが、例えば専門性の高いスタッフ部門のグループだったら3～5名が限界だと考える。なぜならば、単なるワークシェアリングをしている働き方をしているわけではなく、クロスファンクショナルに多くの部署との連携をとっていることが多いからである。部下の人数を自慢する輩はどこにでもいるが、ちゃんと管理職の仕事を全うできているのか心配になる。1日8時間で1月あたり21日を12ヶ月積み上げると、およそ年間2000時間を仕事に費やすことになるのであるが、あなたはそのうちの何時間をマネジメントに使っているのだろうか。そして、使えるのだろうか。

さて、自分のグループパフォーマンスについて包括的に評価してみたり、メンバー個々の特性に合わせたアドバイスを考えたりするとき、どんな切り口があるのであろうか。個々のスキルだけを取り上げて、人の成長を評価したり、ある社員の開発ニーズを精査したり、人材育成プログラムを考えることはやめた方が良い。個々のスキルが成果にどう影響しているのかを因果関係を含めて説明するのは難しいからである。

では何を使うかというと、コンピテンシーモデルである。コンピテンシーモデルは体系的に研究・分類されているもので、コンピテンシーを発揮するためにも色々な環境条件やスキルの複合があり、実際にこういう人材が欲しい、こういう人材になってほしいというイメージを持ちやすいからである。コンピテンシーモデルを研究して、自分の組織で重視する行動特性を考えるのが良いと思う。

本来は、コンピテンシーは、自分自身で自らの成長促進ツールとして活用すれば良いのであるが、自分で自分のことはわかりにくいという側面があるので、やはり自分を客観的に見るための工夫が必要である。また、全体調和的な感じで、コンピテンシーやスキルセットをまとめて全体研修で取り扱おうとすると、個々のメンバーが直面しているリアルな問題に触れにくくなるから、とても変な感じになる。よく聞く誤用の事例である。

3-1　コンピテンシーとは

コンピテンシーとは、職務遂行能力の高い、いわゆる「ハイパフォーマー」を研究して、どういう特徴（行動特性）があるのかを分析し、カテゴリー毎に分けたものである。もちろんハイパフォーマーが研究対象の集団であるから、多くの特徴が認められると思われる。

コンピテンシーを活用する際には、いくつかのポイントがある。まずは、⑴人ごとに活用方法を考えるということである。面倒だから、役割ごとに必要な部分に重きを置いて、フォーカスする方法が一般的である。つまり、ざっくりと管理職になるまでの集団、管理職そして経営陣というように必要なエッセンスを取り出して、だいたい8個とか10個とか組織毎に設定するわけである。しかし強調したいことがある。大事なことは個々に成長を促すツールとして活用した方が良いということである。

そして、⑵選んだら、自分のチームや組織の目標やミッションを踏まえて、それぞれのコンピテンシーを強化することを念頭に置きながら、具体的なアクションプランを考える。

(3)アクションの達成基準を客観的なパラメーターに置き換えて、変化を評価することである。要は達成基準を課すということである。何も営業にだけノルマを課しているわけではない。数字という組織として、色々な努力の結果増えていくと思われているパラメーターを選んで、最終的に売り上げとか、そんな風に設計されている必要がある。もしそれがつながっていないのであれば、闇雲に設定された基準という説明になる。

コンピテンシーは、WHOでは3つのカテゴリーに分類されている。

コア・コンピテンシー（ベースとなる好ましい行動特性）
マネジメント・コンピテンシー（コアコンピテンシーに加えて、管理職として期待される行動特性）
リーダーシップ・コンピテンシー（組織のリーダーシップメンバーに期待される行動特性）

私は何も分ける必要はないと思っている。名前を聞いただけでも、そう思う。どれも大事なエッセンスなのである。何かにつけて分けるのは本当にいいことなのだろうか。人はそれぞれに秀でていることもあるし、どういうわけか（生い立ちを知らないから）やたらと視点の高い若い子もいるわけで、むしろそれに気付かない方が勿体無いというものである。例えば、「成熟したコミュニケーション」は万人に共通な重要な行動特性である。シニアマネジメントになったからこのコンピテンシーの開発ニーズがないというわけではない。

コア・コンピテンシー（7つ）

1．成熟したコミュニケーション

コミュニケーションというと、ざっくりとしたイメージになってしまうことが多い。コミュニケーションは、本来何らかの目的を持った行動・手段である。傾聴、明確な説明・解釈（ロジカルで体系的：口頭、文書共に）、情報共有と目的を踏まえたコミュニケーションができている状態を指す。このようなコンピテンシーがどのような効果を発揮しているのかの例を挙げる。例えば、専門性が違う人同士でも、難しい用語ばかりを使わずに、相手に合わせて、相手が適切な判断や行動をしてくれるように、わかりやすい説明ができる。同時に、相手が正しく理解していることを確認できる。ディスカッションのファシリテーションにも長けているなどである。

私が強調しておきたい重要なポイントは、相手が苦手な人でも、目的や役割を果たしてもらうために建設的なコミュニケーションがとれるかどうかである。これが単なるアクション以上に成果を伴う前進へのドライバーになっていると思う。その背景には、自分の感情をコントロールしたり、ロジカルに目的を果たすために必要なプロセスを整理したり、キーマンを特定したり、ありとあらゆるスキルを総動員した結果、「成熟したコミュニケーション」に辿り着くのである。

この部分を無視して、自分はコミュニケーションに長けていると判断するのは早合点である。コミュニケーションを強みと書いている人は少なくない。強みとしてのコミュニケーションについては、少し慎重に評価した方が良いと思う。

成熟したコミュニケーションの要素が高くなると、人間同士の好き嫌いを超えた次元で、健全な議論を醸成することができ、自分達の組織のみならず、他者との協働も安心して任せられる。どんな場面でも自信が持てる人にリーダーをお願いしたいものである。

2. 自らをよく理解し、自らをコントロールする

何があっても常に前向きでいられるし、いられる方法をたくさん知っていて、実践している。チャレンジを難しいことと捉えずに、常に学びや成長の機会として捉えている。建設的なフィードバック（ときには受け入れることが辛いフィードバックもあるでしょう）に寛容であり、そのフィードバックを自らの成長の機会として受け入れる思考とハートを持っている。無意識にやってしまっている癖や行動にも細心の注意を払い、組織への影響を考えたときに修正が必要ならすぐに修正する努力をしている。プレッシャーの中でも、どうしたら自分のネガティヴな側面が出ないようにコントロールできるかを理解していて、そのための努力もしている。こんなところであろうか。ここまで書いてしまうと、もう超人の領域である。

まず難しいのが、人からのフィードバックに寛容であることである。人から何か言われてしまうと、感情が高ぶってしまう。心拍数が上がり、冷静でいられなくなってしまう。あの人にそんなことを言われる筋合いはない、あんな普段から態度の悪い奴に言われるなんて、とショックを受けてしまうのだ。いつまでも根に持たれて、ずっと同じことを流布

されることもある。1つの側面からの証言だけで史実として結論付けられてしまうことが多々ある。

それはどんな組織でもあることなのである。その事実から逃げていないで、それは水や空気と同じように現象であり、そういうことは普通にあることとして受け止め、どう自分の行動を組み立てるかに時間を使ってほしい。そして、自分を知ることにもエネルギーを使ってほしい。余談になるが、性格診断の「16 personalities」は面白い。ときにこういうツールは意識していなかった自分を映し出してくれる。

このコンピテンシーを開発するための1つのアイデアとして、モチベーションマネジメントという手法がある。自分の中の価値観や先入観が、自分の感情を作り出す要因になっているという考え方がベースになっている。自分の感情に影響を及ぼすものを体系的に理解し、対処法を考えて、実践するようなアプローチである。

苦手な人や本当は付き合いたくない人も良い意見を持っていたりするわけであるから、こういう人たちと付き合うときに、自分の気持ちを切り離して、良いアイデアや意見の本質を理解するということに役立つ。書いてしまうと簡単に思えるが、これがとても大変なのである。まず、人から何か言われるとどうしても我慢できなくなるタイプの人には大きなストレスになる。

人は誰しも、なぜか相性が合う、また逆に全然合わないタイプのキャラクターがいる。とは言え、相手を変えることはほぼ不可能である。それは頭ではわかっていても、身体がついていかない。何で「あんなに奴に言われたい放題言われなきゃならないのだ」という気持ちにもなるだろう。多様性を受け入れることができないのであれば、リーダーなんてやらない方がいい。誰だって、好きな自分でいられる時間は長い方が良い。とは言え、リーダーだって人間なのである。疲れたらリフレッシュや休息は必要である。モチベーションマネジメントの引き出しは多ければ多いほど良い。

熱い気持ちを持った人にリーダーをお願いしたいものであるが、外からみて感情の起伏の激しい人は敬遠されがちである。我慢するということではなく、己を知り、己を適切にコントロールできる人間には、どんな苦境でも乗り越えてくれるという期待を抱いてしまう。

3. 結果へのコミット

自らに対して高いスタンダードを課し、高い目標を達成するために、練り込まれた計画を策定している。行動が早く、結果を出すことへの高いコミットメントがあり、かつ結果を出すためのアプローチを熟知していて、体系的あるいは効率の良いやり方で物事を進めている。進捗確認を怠らず、必要なアクションをタイムリーに実行している。任されたら、自分の役割に対して責任を持ち、ミッション完了までに何をすれば良いか、また障害があるかを見極める。聞けば羨ましくなるような行動特性である。

このような行動特性がある人の特徴をいくつかイメージしてもらいたい。恐らく自分にも厳しく人にも厳しいのでは？　という先入観を持ってしまいがちではないだろうか。しかし、よく観察してみてほしい。このようなコンピテンシーが認められる人には、他人と一緒に仕事をするのが得意な人が結構な割合で存在する。一人でできることならそれで良い。しかしながら組織で活動している以上、他人の存在や関与が必ずどこかで入るわけなので、結果が出ている人は、周りへの影響力も相当なものである。

私の経験では、このタイプは強力な学習意欲と材料を持っていることが多い。自ら効果的に何かをする仕組みを模索して、構築しているし、Ｌｅａｒｎｉｎｇ ａｇｉｌｉｔｙという言葉もあるが、必要とあらば、どんなものでもどんどん学習していく。モチベーションが高いから、何しろ吸収効率が良い。目的達成までの障害を推定することに長けている人も少なくない。

また、最終到達点までに主要なマイルストンを設定しているし、マイルストン毎に想定されるリスクへの備えや、問題発生時の対策も準備できているタレントもいた。予期せぬトラブルにも強いタイプが多いように思う。責任感だけだと、慌ててしまったり不安になってしまったりすることもあるが、ストレス耐性もあり、同時にバランスの良いテクニカルスキルセットも備わっているようにも思う。結果へのコミットメントという行動特性として表現される。スキルもあるし、能力も高いが、人に厳し過ぎる人は、放っておいても得意分野は伸ばしていくだろうから、むしろ人に対する対応を一工夫することの手助けをすることが重要だと思われる。

4. 変化の多い環境でも、物事を前に進める

新しいことに対して受け入れる能力が高く、変化に適応するために、必要かつ実行可能な対応を提案している。過去に拘らず、新しいやり方を考え、試す場所を見つけ出して、実践している。優先度と緊急度を目的に応じて整理でき、状況によって最適なアプローチ

を提案できる。このような行動特性を持ちあわせていることは素晴らしいと思う。

リーダーや管理職としては、共感を得やすいと思うが故に、常に変化に備えた行動を取っていたいだろう。しかし、チームや組織を見まわしてもらうとわかると思うが、変化を嫌うセグメントが存在する場合がある。そういうセグメントへの影響力を持っているタレントは心強い。しかし、変化を好む特性を持ち合わせていることが多いため、変化を受け入れられないセグメントを悪者扱いするような部分が見てとれる場合は、成熟度が足りていないと思われる。この反対勢力と呼ぶべき集団を上手くコントロールできる能力を強化することで、成果を出すタレントに変身する。

反対勢力が脅威になるのは、絶対にそうなるとは言いきれないという言葉やいかにも正論というものを盾に向かってくる、あるいはなり振り構わずの状況になったときである。変化が正しいこととは誰しも証明するのが難しい。正義感の強いリーダーは、正確性に乏しいことを全面に出すことが苦手なことが多い。嘘は言えないから、そこでその主張に付き合ってしまうのだ。これでは戦えない。組織として今後起きる変化の影響を評価しきれていない状況もある。また、組織の目標が外部変化の影響を受けにくいような場合は、わざわざ変える必要がないという考えを持ってしまいがちである。考えがあってやっているのであれば、それはそれで良い。
創設して間もない組織や転換期や変化の激しい組織に欲しいタイプである。

5. チームワークを推進し、目的を果たすために組織やチームを機能させる

チームメンバーと目標を共有し、チームメンバー間のコミュニケーションを円滑にしたり、結果を出すために調整・協力している。チームが決めたことを尊重して、チームの成功や失敗についても、誰かのせいにせずに共同責任として受けいれている。チーム間で起きたコンフリクトを早期に発見して、早期に解決する行動をとっている。チームメンバーで健全な議論を推奨している。ここまでくると、もうドリームチームである。まず、このようなチームに遭遇することは少ない。誰かがリーダーシップを発揮すればこのようなチームができるわけではない。かなりの割合のメンバーが「成熟したコミュニケーション」の行動特性が強かったり、「自らをコントロール」することで上手いバランスで人間関係を保っていたり、議論を活性化させることにつながっているのである。

チームを作れば機能すると思い込み、チーム作りのフレームから考えてしまうことが多

い。枠を作れば機能するということはない。多くの場面で勘違いされていることである。烏合の衆と機能するチームは全く別物である。チームとして機能しにくいメンバーがアサインされてしまうことも少なくない。機能するチームを構成するための鍵は、単なる経験値やシニオリティ（先任権）ではない。いくら肩書きが立派でも何の貢献もしていない人は少なくない。

非生産性の雰囲気を醸成するメンバーは特定しやすい。最初の会議を見るだけで大体のことがわかってしまう。時々発言する機会もある場合は、要注意である。発言したときに、無意識的にシニオリティが発動される。ヒエラルキー社会の中では、パワーバランスの関連から弱者が発言しにくい状況に陥るのである。

また、一人だけ意見を言いたいだけ言い続けるタイプの者もいる。自分は他者からどう思われても良いと思っているので、ある意味悟りをひらいているので手強いのである。チームディスカッションに限らず、組織の中で、そのような難しい人をどう扱うかが重要なのである。

チームの中で、人間関係の問題は尽きない。そもそも他人なので仕方がないことなのである。そんなことを相談されたら、あなたはどうするだろうか。よくあるのが、「チームなんだから」という前置き。これは相談を持ち掛けてきたメンバーを失望させる。全く解決にもアドバイスにもならない。二度と相談を持ちかけられなくなるだろう。機能するために必要なものを備えていないチームでは「無い袖は振れない」のである。烏合の衆をドリームチームにするには相当なエネルギーを必要とする。チームコーチングというものがある。これは奥が深い。是非、管理職になったのであれば、興味を持ってほしいと思う。

有能なリーダーはときとして、テクニカルスキルの観点から他者との協働にストレスを感じることが多い。ときに、ヒトを切り捨てたくなる衝動にも駆られる。しかしながら、このコンピテンシーの高いリーダーは、組織の有限のリソースを大切に扱ってくれるという信頼があり、誰一人として脱落者を出さないという安心感がある。

6. 多様性を理解し、異なる文化や個々を尊重する

お互いの育った環境も違えば、考え方も価値観も違う。人と何かを一緒にするとき、このような事実を大前提として受け入れている。多様な価値観やスキルを持った人たちが集まっていることが強みであると考えることができ、そのことをアドバンテージとして効果

的なチーム形成に活かすことができる。問題が起きたときにも、多様な考え方を受け入れながら対応している。問題が起きたときにも文化や考え方の違いを悪者扱いしない。

組織やチームが大きくなればなるほど、何かにつけ悪者を作り出し、失敗したときに魔女狩りをするのが好きな輩が増えてくる。自分の権利を主張するときに「多様性の尊重」を盾にする輩がいる。言いたいことをズバズバ言うキャラクターもいる。それなりに正論を織り交ぜてくるので、誰も注意できない。基本的に弁が立つのである。自分は悪くないという体で、悪者を先に作ってから、それを正当化するような喋り方で畳み掛けてくる。誰も悪者になりたくないし、狙われたくないから、会議の場では誰も反論しない。そんな人を誰も相手にしたくないから、隠れているしかないのだ。そんな難しいタイプの人でも、感情を切り離すスキルを身に付けている人は簡単に往なすことができる。言われたことを冷静に聞き、良いところは良いところとして受け止め、アイデアを拝借するという行動が取れる。これはここで取り上げるコンピテンシーとはちょっとズレるが、現場ではリアルに解決していかなければならないことが山ほどあるのである。

多様性を理解したら、チームや組織のメンバーの特徴を知る努力をしよう。強みと弱みという自己申告と他者評価の間に大きなブレがあるものを聞いたりすることから始めるのはお勧めしない。相手の好きなことや自信をもって取り組んでいることとか困っていることから始めることをお勧めする。ただでさえ、あなたとメンバーの間には見えないパワーバランスが生じていて、あなたには本音を言いにくい状況にあるのだ。

海外組織で働いていて感じたことであるが、確実にプロジェクトのリーダークラスはこのコンピテンシーが高い。日本人組織を引き合いに出すのはあまり良くないことだとは思うが、圧倒的な差を感じた。

7．高い倫理観を持って、手本となるべき人（ロールモデル）として行動する

機密情報や守秘義務、個人のプライバシーを最も大事なこととして、取り扱いに細心の注意を払っている。自分の行動や言動に責任を持っていて、専門家として、守るべきルールや、正しい倫理観を養う努力をしている。常に透明性を高く保っている。自らがお手本であるという自覚を持って、外部からの圧力に屈することなく、正しい行動をする。

幼少の頃からリーダーのような役割を受けるような機会の多かった人。色々な理由があったと思う。技術的に優れていた。人望が厚かった。じゃんけんで負けた。欠席裁判で

決められた。色々とあるだろう。しかし、高い倫理観を持っていたからというのが理由だったというのはそんなに多くないと思う。しかし、大きな組織のトップは高い倫理観を持っているからということで選ばれる方がいる。もちろんシニアマネジメントであるから、技術的なスキルには当然長けていると思われているわけだが、大きな組織を束ねていく、社会への説明責任を果たす、企業の使命を社会に発信するという役目を考えたとき、高い倫理観や透明性に対するセンシティビティが極めて重要になる。

給料というものをもらったり、なんらかの便宜を図ってもらったりすると、利害関係に心を支配されてしまうことがある。このような状況を恣意的に作り出すテクニックを取り上げた書籍も多くある。過去に読んだスキル本で、「管理職として上手く部下を使うには絶対的な権力を握れ」という意味で、「生殺与奪」にフォーカスしたものがあったが、それは自分の倫理観に全く合わなかったので私には刺さらなかった。何しろ使っている漢字が物騒なので全く賛同できない。しかし、一度心に恐怖や苦手意識が刷り込まれてしまうと、権力（Ａｕｔｈｏｒｉｔｙ）との軋轢を避けるようになる。その場をやり過ごすことで、自認したくはないだろうが、ことなかれ主義と同じ行動をとるようになる。大きな組織になればなるほど、問題が見えにくくなることは組織の継続的な存在に対してリスクになるのだ。倫理の観点からおかしいと思っていても、提言できなくなる。管理職は、オープンドアポリシーを掲げるだけではダメで、自ら倫理観を高め、お手本として行動し、自分から相手に興味を持って接して、心を開いてもらうことができるかである。

管理職らしさとかシニアマネジメントらしさというのを間違った意味で捉えて、人を顎で使ったり、仏頂面して、椅子に踏ん反り返っているのが権力者としての在り方だと思っている方に無理強いするつもりはないが、あなたの態度が雰囲気を悪くしていることを指摘してくれる（ちょっと変わった）人はいない。

このコンピテンシーの高い人に、トップマネジメントをお願いしたくなるのではないだろうか。

マネジメント・コンピテンシー（3つ）

8．メンバーを励まし、動機付けできる環境を構築する

目標達成および課題解決のためにメンバーの強化・育成を行っている。また、育成のた

めの場をあらゆるチャネルを使って探し出し、メンバーに提供している。どんなレベルのメンバーにも目標達成に対するオーナーシップと責任を持ってもらうように動機付けしている。定期的にフィードバックを提供し、メンバーやチームの生産性あるいは能力の向上を図っている。役割、責任を明確に定義し、メンバーが理解しているか、また腹落ちしているか確認して、必要に応じて理解を醸成するための行動を起こしている。メンバーの支援要請に対し、タイムリーにアクションしている。

自分の家族や友人、大事な人との関係を考えてみてほしい。1年に何回励ます機会があるだろうか。ほとんどないという方もいるであろう。人は意識していないと、他人を勇気づける行動をとらない。だから、習慣化させることが重要である。しかし、励まされる、応援されるという機会に乏しいメンバーからすると、裏があるのではないだろうか？　という逆の意味での疑問が湧いてくる。特に日本人はできて当たり前だと思ってしまう傾向が強いかもしれない。また、大したことでもないのに、いつでも励まされると、行き過ぎると、うるさいのである。余計なお世話になってしまうのである。

並大抵のことではできない。常にメンバーのパフォーマンスに目を光らせていなければ、タイムリーに感謝の言葉を伝えたり、普段との違いに気づいたりすることはできないだろう。実はよくメンバーを観察している、他者からもメンバーのことについて教えてもらえるようなネットワークだったり、メンバーの動きを常に把握できる仕組みを構築していないとできないことだったりする。

人に興味をもって、よく観察して、効果的なアプローチで動機付けできる人は、間違いなく論理的な問題解決も得意だと思う。

9．リソースの最大限の活用

環境変化、リソースを慎重に評価して、戦略を立てている。優先順位を定め、選択と集中を行っている。明確な目標を設定し、実効性の高いタイムラインを策定している。必要な業務と不要な業務を明確にしている。進捗およびリソースを慎重にモニタリングし、予期せぬ事態に備えて、必要に応じてリソースの見直しをしている。費用対効果の高い方法を採用している。

使える資源を把握して、成果を出すために常に試行錯誤しているかどうかが重要になる。人が足りなければ、別のリソースを切り崩して人を増やすか、メンバーの能力を上げるか、無駄なプロセスを省くか止めるか、それくらいの選択肢しかないのである。

組織のメンバーがどう動いているのか、見えていない管理職は少なくない。クロスファンクショナルチームで働くようなプロジェクト制を取っている組織に多いように思う。管理職が本来の役目を果たしにくい構造なのだ。だからこそ、工夫が必要なのである。

例えば、海外などでは一緒に仕事をしたチームメンバーからフィードバックを書いてもらうことで、管理職に自分のパフォーマンスがどうであったかを説明する材料にする方法がポピュラーである。自分の口で説明するだけではわかりにくい部分を補足してもらえるメリットもあるし、フィードバックを提供してくれた人のキャラや書き振りにもバラつきがあるが、総合的にメンバーがどんな風に活躍していたかなどがわかるのである。ただ1つ強調したいのは、そのフィードバックだけに頼ってはダメということである。椅子に踏ん反り返っていないで、仕事を作ってそんなものに没頭していないで、自分の目と耳を使って、メンバーのチームへの貢献やパフォーマンスを観察した方が良い。

リソース不足というのは常に頭の痛い問題である。新卒採用も少ないし、中途採用も採用リスクがあるし、予算的に難しいものがある。そんな中、自らもプレイングマネジャーとして業務を担当したり、不足した役割をカバーしたりしながら、組織を切り盛りする管理職も増えてきた。

メンバーがリソース不足について心配に思うと、その都度相談は受けるものの、そもそも人的リソースを増やしたりする予算を持っていなかったり、リソース調整する権限がどうなっているのかも把握できていないから、どうしようもない。困ってしまうのだ。しかし、メンバーはそうは見ていない。そんなとき、「こいつには相談しても意味がない」とか「役に立たない」というシールを貼られてしまうのだ。「何か私にできることがあればいつでも言ってくださいね」と言われても、心の中で、「できることはありません。だから何もお願いしませんし、期待もしません」とつぶやかれてしまうのだ。

このコンピテンシーの高い人は、比較的大きな組織でも活躍が期待でき、グループメンバーからの信頼を勝ち取ることができると思う。

10．ステークホルダー・パートナーとの良好な関係構築

ステークホルダーというのは、自分たちの活動に大きな影響を及ぼす重要な人物や団体・組織を指す。自分たちも組織活動として達成したい目標があるから、ステークホル

ダーに自分たちの活動に対して協力を仰いだり、あるときは支援活動をお願いしたりする必要が出てくる。そのために良好な関係を構築しておく必要が出てくる。コンピテンシーの根幹になるのは、やはりお互いの関係がWin-Winになるように調整できるかということである。

組織内外のステークホルダーを特定し、あるいは開拓し、ステークホルダーと協働することで自分たちの組織活動が最大限の効果を得るために、関係・連携強化を行うことが必要になる。行動特性としては、ステークホルダーの影響を客観的に分析して、期待する効果を明確にしている。組織内外のステークホルダーとWin-Winの関係が構築できるように働きかけている。また良好な関係を持続するための工夫も考えておく必要がある。協働のメリットばかりが強調されがちであるが、ステークホルダー対策においては利害関係の中の害の部分も丁寧に精査する必要がある。

「成熟したコミュニケーション」で出てきたように、利益と反するステークホルダーに対しても、例えば政治的な圧力をかけないように働きかけるような状況が必要になるため、利害関係が相反する相手とも上手にやっていくことが求められる。そのために管理職やシニアマネジメントは何をすべきか、よく考える必要がある。ヒト、モノ、金、時間、情報など自分たちの使える活動資源をフル活用して、最大限の効果を得られるようなステークホルダー・マネジメント・エンゲージメントプランを策定することである。

地域社会、一般消費者、行政機関、大学のような研究機関、政治家、株主、取締役会やガバナンス会議体、所属団体、組合、顧客・取引先、従業員などなど、その組織の状況によって多様であり、更に間接的な利害関係まで評価しておくことを推奨したい。また、最近、多くの組織では利益相反に関する方針を自ら定めていることがある。自分の組織の利益相反に関する考え方を理解しておくことはとても大切である。法令や社会的な視点も含めて、自分たちの倫理観が受け入れられるものなのかどうか、定期的に自己点検することもお勧めしたい。

このコンピテンシーの高いタレントには、組織横断的な戦略構築の一端を担ってもらう、あるいは組織の顔として業界活動などで組織の評価を上げてもらうことを期待したい。

11．明るい未来への道を示す

リーダーシップ・コンピテンシーとあるが、リーダーシップと混同してしまう恐れがあるので、組織のリーダーやシニアマネジメントに強化してほしいと考えるコンピテンシーであることを補足しておく。しかしながら、組織のトップのような人だけに求められる行動特性なのではない。リーダーというのは、色々な階層や場所に存在する。そんな人たちが、明るい未来への道筋を示す行動を取ってくれているのなら、とても心強いと思う。組織は目的を持った人が創り、そのビジョンや使命に共感した人が集まり、そういう人たちが活動基盤となるルールやプロセスを作り、社会貢献活動を行う。

組織の繁栄と共に、プロセスや業務、役割・部署間の調整が増え、高コスト構造あるいはパフォーマンスの出しにくい姿になっていく組織もある。リーダーシップの欠如という切り口で評価されたり、手を広げ過ぎた、事業拡大を急ぎ過ぎたという謂わば、歴史の一部だけを一部の切り口だけで切り取ったような報じられ方をすることもある。社会や他者の視点はとても大事であるが、内情を最もよく理解すべき自分たちが、継続的に組織の目標を果たすために何をするかを考えなければ、誰も考えられる人はいない。

このコンピテンシーを支えているのは、次のような行動特性である。成熟した組織のリーダーに期待されることとして、社会というものは多くの組織、人物、仕組みで成り立っていて、とても複雑なものであることを理解している。組織を1つのチームとして強固なものにするために、目標共有や魅力的なビジョン策定を行い、明るい未来を作るためのロードマップを提案している。組織の発展に影響を及ぼす内的・外的要因について客観性の高い手法で適切に評価している。常に信頼性の高い情報源を使い、次に起こる変化を予測し、組織が長期目標を達成する機会をロジカルに見出している。社会における組織のポジショニングを明確にし、ステークホルダーと共に積極的にその役割を担い、組織の内外におけるコミットメントを構築する。組織の社会的使命に重点を置いた戦略計画を策定し、リソースや優先度のコンフリクトが起きないように調整している。

魅力的なビジョンやロードマップを策定したら、具体的に何をするかを練り込まなければならない。大きな組織では、組織の部門長レベルが部署のリーダーと共に第二章で示したような手法を用い、戦略・実効性の高いアクションプランを策定することが多いだろう。

これまで組織がやってきたことの延長ということではなく、長期にわたり組織が成長をするために変革をリードすることができる。そんなタレントに共通のコンピテンシーではないだろうか。

椅子に座って踏ん反り返って、苦虫をかみ潰したような顔をしていても良案は出てこない。誰と一緒に考えたら良いのか？　そこから始めてみるのも悪くないと思う。何も出てこなければ、何もしていなかったのと同じなのだから。

一緒に考える仲間が見つかったら、大きなビジョンレベルから現場レベルまで一貫したメッセージをどう伝えていくのかも考えた方が良い。思いつきレベルで満足するのではなく、練り込みが何よりも大事なのである。あえて書く必要はないと思ったが、練り込めるスキルを持ったメンバー、練り込みをファシリテーションするスキルを持ったメンバーを仲間に入れることが最も重要であることを添えておく。

12. イノベーション創出および組織全体の生産性向上に寄与する文化を醸成している

WHOのコンピテンシーではLearningと書いてあるが、学ぶことの先にあるのが生産性だと考えているから私は生産性と読み替えている。

このコンピテンシーのポイントは「スポンサー」、「イノベーション」、「生産性」という部分であろう。

文化醸成のスポンサーとして名目上シニアマネジメントがその役目を担っていることは多い。スポンサーとは、本来、金銭的な支援や、人やモノを提供することで支援する物や保証人を指す。組織の特性として、最後に誰が責任を取るのかという話になりやすいし、特命プロジェクトとしてタスクフォースのようなものを構築する場合、別枠でリソースを調整する必要もあり、組織の責任者レベルがスポンサーになることが多い。ここで問題になるのは、名目上のスポンサーではなく、リアルにスポンサーシップを発揮しているか？ということと、組織の誰にならば文化醸成を推進するドライバー役を任せられるのか？

WHO グローバルコンピテンシーモデル

コア・コンピテンシー
1. 成熟したコミュニケーションを推進する 2. 自らをよく理解し、自らをコントロールする 3. 結果へのコミットをする 4. 変化の多い環境でも、物事を前に進める 5. チームワークを推進し、目的を果たすためにに組織やチームを機能される 6. 多様性を理解し、異なる文化や個々を尊重する 7. 高い倫理観を持って、手本となるべき人（ロールモデル）として行動する
マネージメントコンピテンシー
8. メンバーを励まし、動機付けできる環境を構築する 9. リソースを最大限に活動する 10. ステークスホルダー・パートナーとの良好な関係を構築する
リーダーシップ・コンピテンシー
11. 明るい未来への道を示す 12. イノベーション創出および組織全体の生産性向上に寄与する文化を醸成する 13. 社会におけるリーダーとしての役割を担えるように組織を牽引する

ということである。

普段から文化醸成のことを考えているシニアマネジメントならば、すぐに特命チームにどれくらいの期間で何をしてほしいかのイメージの共有を含めて適切な指示が出せる。しかしこれを疎かにすると、特命チームは機能しない。選ばれた人もかわいそうで、何をして良いのかわからない。テーマだけはわかった。だから、まず特命チームの行動規範（チャーター）から作り始める。全体像が見えないわけだから、チャーター作りで飽きてしまうメンバーも少なくないだろう。普段からそんなことを考える時間もないし、いきなり何とかしろと言われても、面倒で仕方がない。

文化醸成特別チームやタスクフォースは、チャーターを作れば動き出すほど、世の中は甘くない。だから誰を使って構成するかが鍵なのだ。経験を積ませるとか、人材育成の場という名目で、知識のないもの、経験値の低いものに、特命チームのリーダーを任せることはしない方が良い。もっとも、急いでいないのなら、特命チームを作る必要もないし、そんなことに時間をかける意味もない案件のはずである。

さて、イノベーションは、野球でいうところのホームランのようなイメージがあるが、夢のような話ばかりがイノベーションではない。イチロー選手のように、ホームランばかりではないが、何年も連続で首位打者としてシーズンを終えたり、日米両方でヒットを打つなど、いまだかつてない業績を打ち立てることも、それを実現するためのアイデアや工夫、そして努力もイノベーティブであると私は思う。生産性も驚くほどの生産性向上をイメージしがちであるが、小さな改善が、別の部署でも採用され、大きな変化を生むこともある。そういうことにエネルギーを使っている人をイメージできるかどうか。あなたの組織にはどれくらい小さいことの積み上げを大事に思っている人がいるか考えたことがなければ、考えてみることをお奨めしたい。

社会的なイメージとしてウケそうなイノベーションのアイデアばかりに気を取られてい

るリーダーや管理職、シニアマネジメントが、能天気で浮世離れした話を組織のメンバーにしたところで、自分たちは裸の王様になっていくだけであり、むしろメンバーとの溝を深いものにするだけである。そのためにもトップに近い人ほど、新しいことに興味を持ってほしいと思う。科学の進歩は思いつきだけで成り立っていない。その裏側には何万倍もの失敗や実験結果があるのだ。

このコンピテンシーを支えているのは、次のような行動的特徴である。

組織の目的達成のために、革新的な方法を絶えず探し続けていて、適切な場所でその方法を適用させている。成果を出すために、他者にも革新的なアイデアを探したり、アイデアを適用することを促す。組織の知識や学習機会を「見える化」して、組織全体で共有される仕組みを構築している。メンバー同士でお互いに学び合う機会を構築するように促す。フィードバックの機会を効果的に活用して、組織の改善に活かす方法を提案している。責任感を持つ行動と、組織全体のメリットを踏まえた、学習と発展のためのアイデアを創出する。

アイデアマンはときに孤独である。なぜそのアイデアが重要なのか？　を他者に「見える化」する能力も持ち合わせることで、イノベーターに変身することができる。このコンピテンシーの高いタレントには、経営戦略やトップマネジメント付きのシンクタンク機能を統括してほしくなる。

13. 社会におけるリーダーとしての役割を担えるように組織を牽引する

社会の中で、また業界・団体の中で、信頼されるリーダーになることは並大抵のことではない。組織活動をするとなれば、誰もが思い描く社会貢献の姿であるから、競争原理に従ったポジション争いという構図になってしまうかもしれない。総合的な評価としてリーダーとして認められるのはとても名誉なことであるし、嬉しいことである。そのためには、組織体制や仕組みに加え、透明性や倫理観を含めた組織としての成熟度や、組織を構成するメンバー個々の人としての良さや実績なども重要であると考える。それだけではない。外から見ても、リーダーに相応しいと思ってもらえなければならないのである。謙虚にやることをやった結果評価してもらえれば良いと思うことは否定しないが、組織活動をしているのであれば、活動の範囲を広げたいと思うのは自然なことではないだろうか。

このコンピテンシーはＷＨＯが目指す姿を書いたものではないかと推察している。あえて書く必要はないと思うが、すべてのコンピテンシーを総動員させたことによって起きるポジティブな変化の集大成を客観的に評価するための尺度として設定してあるように思う。自称リーダーなのではなく、社会、業界・団体が認めるリーダーを目指すことで、社会貢献を全うするのだ。

このコンピテンシーの高いタレントに経営トップを任せたくなるのは自然なことではないだろうか。

第四章　リーダーシップの本質

普段の会話を冷静に観察していると、リーダーシップというものには、色々な意味が含まれているようである。例えば「リーダーシップを期待する」といえば、「何かを牽引する行動を取ってほしい」、あるいは「リーダーとしての立ち振る舞いを期待する」という意味に取れる。「あの人はリーダーシップのある人だ」というと、ある人の総合的なイメージとして、リーダーシップを発揮している機会が多そうな感じがする。「私はリーダーシップ論に興味があります」というと、リーダーシップというものの定義を考えたり、リーダーシップ・スタイルについて分析したり、リーダーシップの影響について興味があると言っているように聞こえたりする。

リーダーシップについて述べられている書籍は星の数ほどある。時代や状況、提唱する人によっても定義は幅広い。人間性や「人としての温かさ」まで含めた世界観のものもある。私は、定義などは、あまり重要ではないと考えている。我々に必要なのは、目の前にあるこの状況を何とかしたり、この複雑な社会の仕組みの中で、関係者との協働を実践したり、より良い未来を創るために何をするかなのである。期待する変化を意識して意図的に何らかの積極行動をするというプロセスが、リーダーシップだからである。

第二章で触れたように、「あなたがリーダーシップを発揮している（いた）」ことを他人から認知されることは、組織を率いる者として重要である。単なるアピールほどメンバーをシラケさせるものはない。なぜなら、誰しもリーダーシップを発揮しないリーダーや管理職の下で働きたいとは思えないからだ。そして、あなたには、あなたのチームや組織に対してのロールモデルであってほしいとシニアマネジメントから期待されている。

リーダーシップを発揮し、それを人から評価してもらうためには、相当な努力が必要だということである。この章ではリーダーシップについて色々な視点で考えてみる。

4-1　主観的合理性

もし、あなたが目の前の状況に対して「何とかしなきゃ」と思ったとき、あなたの頭はどんなことを考えただろうか。経験、先入観、価値観、倫理観を瞬時に総動員して、あなたの主観的な判断・合理性の結論として、放っておくとマズいことになるのでは？　という想像をし、その未来を変えるために何か効果的なアクションを打たなければ！　と思い、「どうしよう、何とかしなきゃ」と考えたのではないだろうか。それと同時に、何もする必要なし！　と判断することもあるわけである。ここで2つのパターンができた。つまり、「何かしようと思う」、「思わない」の2つである。

「何かしようと思う」だけではなく、実際に「行動しよう」と思うまでのプロセスについての可能性を考えると更に複雑になる。「何かしよう」と思っても効果的なアイデアが出てこなかったら、「やらない」のか、それでも「無理してやってみる」のか。効果的なアイデアが出てきても「やらない」のか、「それならやる」のか、それとも「自分はやらない」で、「他者にお願い」するのか、それとも「他者と一緒にやることを提案する」のか。他者が絡むともっとややこしい。「この人と一緒ならできる」と思うのか、「この人と一緒でもできない」と思うのか、「この人とは一緒にはできない」と思うのか、そもそも「他人と一緒ならやらない」と思うのか。人は状況によって常に自らの判断アルゴリズムを柔軟にしている。時々、この主観的合理性に対して、他者から「非常識」とか「常識的」とか言われることがある。

リーダーシップを考えるとき、他人の視点や他人から見た評価を一切考えないで済むのであれば、ある意味リーダーシップというものは、自分の主観的合理性のみを考えれば良いわけであるが、他者が絡むために、慎重になる必要が出てくる。自分は人に何を思われても関係ないと思っている人は、主観的合理性のみを重視すれば良いので判断のブレは少ない。そういう人の恐さはここにあると言っても良いだろう。良いリーダーでありたいと思うが故に、できる限り他者の視点も大事にしようとする行動、すなわち主観的合理性と客観的合理性との間のギャップを減らす行動を取りたいと思うタイプの人には、なりふり構わない論客の対処は大変な仕事である。どこを突いて良いのか把握できないのだから。

4-2　リーダーシップの判定

自らリーダーシップを発揮したことが、他者から評価されるには、何らかの動機によって引き起こされたアクションが、他人からポジティブに捉えられて、初めて「リーダーシップを発揮した」と認知されるというメカニズムを考えると、実は空振りしていることも多いわけである。他人だって常に自分の行動を観察しているわけではないから、記憶に残った行動、印象的だった部分をまとめて、「あの人はリーダーシップを発揮している」とコメントしているのかもしれない。この考え方は、ステークホルダー毎に自分が何をしてもらいたいかを考える際にも活用できる。つまりステークホルダーにあなたをどう見てほしいかを考えて行動する必要があるということなのである。

自分がリーダーシップを発揮したと思っていても、他人からはそう思われていないことが多々あることについて分析してみる。

まず、自分が「リーダーシップを発揮した」と思える事例について記憶を思い起こしてみてほしい。どんな状況だっただろう。他者からのフィードバックはあっただろうか。他者から直接でも間接的にでもリーダーシップを発揮してくれたというコメントがあっただろうか。案外、自分というものが基準になっていることが多いのではないだろうか。人は、自らの経験や価値観などを基準の主軸とした主観的合理性に基づき「リーダーシップを発揮したかどうかの評価・判定（この判定を「リーダーシップ判定」と便宜的に呼ぶことにする）」をしていることが多い。これはこれで悪いことではないが、「他者からのリーダーシップ判定」を伴っていないのであれば、まだ「独り善がり」のような状況にあるわけである。

これに他者の視点を加えてみよう。自分では「リーダーシップ判定あり」と思ったが、他人からすると「大した話ではない」、あるいは「意識すらしていなかった」ことだった

リーダーシップ判定モデル図

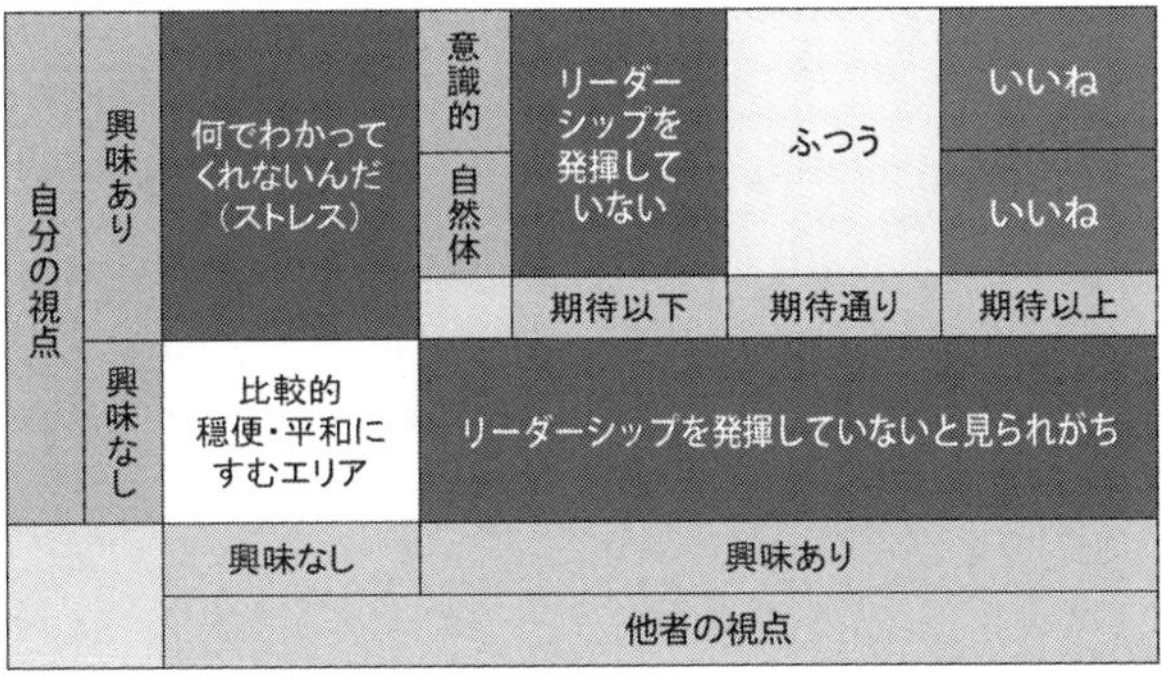

かもしれない。他者の持つ興味の範囲外のことや、他者から見ても「できて当然」と思われるようなことは基本的に「リーダーシップ判定」を得にくいと考えるのは自然だと思う。

　例えば、チームメンバーがお互いにお互いの役割として認知している行動に対し、他者から「リーダーシップ判定」を得ることは、業務記述書に書かれているかどうかに関わらず「稀」ということである。職務記述書は、期待する役割と責任範囲について書いてあることが多い。時々、難易度の高い役割を目標設定として入れることがあるが、基本的には期待する役割なので、その人が「その役割を十分に果たすことができる」と考えるのが自然である。

　整理すると、他者から見て、大きく2つのエリアがある。興味がないエリア、そして興味の対象となっているエリアである。

興味対象のエリアも、また2つのエリアにわけられる。「リーダーシップ判定が得られないエリア」と、「得られるエリア」である。例えばプロセスになっているからやって当たり前、その人の役目だからできて当然だと思っているエリアは、リーダーシップを発揮したという評価にはつながりにくい。

リーダーシップ判定を得やすいエリアは、他人の持つ期待やスタンダードを凌駕するエリアを含んでいる。もちろん、このエリアは、ずっとリーダーシップ判定が得られるというものではなく、種々の条件を伴うことで、リーダーシップ判定が得られない領域に変わることがある。例えば複数回以上続くことで、他者の基準・スタンダードが上がってしまうことである。

また、興味がないエリアでも、何らかの状況、例えば異動して興味対象のエリアに変わることもあるし、自分の役目としての守備範囲が広がることなどにより、将来興味を持つことがあるかもしれない。その場合は、その人の興味の対象となるエリアが広がる。しかし、仮に過去のことを人から聞いても、リーダーシップを発揮したかどうかというよりは、そういうことをやった人なのだという過去の情報の1つとして、インプットされることの方が多いと思われる。もちろんその情報のインパクト次第ではあるが、伝説の人というようなケースはさておき、自分の方が上手くやれると思って、新しい仕事や役目に就くことの方が多いだろうから、レアケースとしておくのが良いだろう。

4-3　ベテランになればなるほどリーダーシップ判定エリアは狭くなる

もちろんすべての人に当てはまるわけではないが、ポジションが高い人はリーダーシップを絡めた悪評を得やすい。初心者に対する期待とベテランに対する期待の違いは顕著である。一歩でも歩けただけで大喜びしてくれた乳幼児期の記憶はないが、職務レベルが上がる、職階が上がるだけで、他人から見たあなたのリーダーシップ評価エリアは狭くなる。

ポジションの高い人は、リーダーシップが凄いに違いないという先入観とか、リーダーシップをいつも発揮してしかるべきだという「べき論」が先行しやすい。あなたのポジションがシニアマネジメントに近づくほど、他者は実際のパフォーマンスを見ていないにも関わらず、高いスタンダードを設定してしまうのである。

社会的ステータスと言えば聞こえが良いが、肩書きのようなものを相手に伝えた途端に、あなたはあなたの実力以上に見られていると思った方が良い。ポジションについて「すごいですね」と、おだてられているだけなら害はないが、やって当然、できて当たり前というエリアが大きくなってしまい、大抵のことでは驚かなくなるから、あなたがどんなにリーダーシップを発揮したと思っていたとしても、他者のリーダーシップ判定エリアは狭くなる。むしろ期待外れという印象を与えていることの方が多いと思った方が良い。そして、問題の原因は別にあるのに、リーダーシップが足りないという理由で悪者に仕立てられる人もいる。このような「問題のすり替え」は日常的に起こりうるものなので、冷静に分析する必要がある。

4-4　リーダーシップスタイル

自分のリーダーシップスタイルをカテゴリーに分けて説明する方法がある。自分のスタイルを体系的に理解するというメリットがフィーチャーされている。リーダーシップ研究をしている人からすれば意味のあることであろう。例えば関係重視、ビジョン型、育成型、命令型などと定義している。とは言え、他者から見たイメージなわけであるから、そのイメージとしてはバランスが良いに越したことはない。あなたは関係重視型だから、こうした方が良いというのは短絡的すぎるように思う。重要なのは、あなたが「変えなきゃならない相手」に何をしてもらうかなのである。そのためにあなたは一体何ができるだろうか。「あいつはわかってない」とか言って、陰で愚痴るだけしかできない自分を何とか変える努力はできないものだろうか。

もちろん、自分のリーダーシップスタイルを知ることで、組織を管理する、プロジェクトやチームをリードするためのスキルアップなどのメリットを探し出すことができるのであれば、全く否定するつもりはない。肝心なのは「自分は自分である」ということであり、スタイルに関係なく、自分が積極的に必要な行動をとることが最も重要なことなのである。リーダーシップで迷ったら、自分がやるべきときにやるべきことをやっていたか。やるべきことはわかっているかなど、リーダーや管理職がやっておくべき基本中の基本に立ち返る必要があると思う。

究極は、嫌でも自分を奮い立たせて行動させること（闇雲にでは全く意味がない）、それからチームや組織に良い影響を及ぼすことである。人間という最も面倒なリソースを動かすのである。簡単にできるわけがない。そのために、色々な知識や経験、スキルや人脈のようなリソースが必要なのである。そのベースを作っていくのは、自らの人間性の部分ではないだろうか。人間性は何にも代え難いエレメントだと思う。

4-5　リーダーシップを発揮するために必要なこと

リーダーシップを発揮するために、何をすべきなのだろうか。

そのためには、まず自分を理解することである。自分に正直になった方が良いと思う。できないことや苦手なことは、誰か得意な人にお願いする。背伸びをして、苦手なエリアでリーダーシップを発揮しようとすることは相当なストレスになる。苦手なことはなるべくやらないで済む方がいい。これは逃げを打つということではなく、自分の得意領域で組織に貢献する方法をたくさん考えて実践するということである。得意領域であれば、アイデアもたくさん出てくるし、リーダーシップを発揮することも苦にはならないだろう。何より、下手を打つリスクも少なくできる。リーダーシップの発揮という意味もあるが、組織の中での適材適所を考えることにもつながる。

次に、リーダーシップを発揮する場所を特定することである。リーダーシップ判定が高くなるエリアを特定することである。組織やチームが直面している問題や解決しなくてはならない課題の中で、自分が最も専門性が高い、あるいは知識がある、または経験があるようなエリア、業界からも一目置かれているようなエリアは、あなたのステージなのである。そのステージの中で、期待役割で当然やるような部分は除いて、あなたにしかスポットライトが当たらない部分は、何なのだろうか。差別化を図るという言葉があるが、同じ考え方である。

そして最後に、計画を練り込むことである。あなたの行動はリーダーシップ判定をもらうためだけにやるものではない。勘違いしてはいけない。あなたの行動は、チームや組織の目標を達成するためにある。役目を果たすために、じっくりと計画を練り込み、確実に成果を出す。その過程であなたの行動を人が見てリーダーシップの評価を下すのである。結果や成果を伴わない薄っぺらいアピールほど聞くに堪えないものはない。

第五章　管理職としての活動の実践

いきなり理想的な管理職になることは難しい。実は、みんな不安だらけ。実際に経験していないのだから、具体的にどうすれば良いのかなんてわからない。管理職になったからと言っても何かがすごくなったわけではない。あなたは、生身の人間なのだ。大抵の人は誰からも体系的に教えてもらったりしないのに、スキルやこれまでの実績などを基に評価されて管理職というものになる。もちろん、丁寧にトレーニングを受けさせながら管理職にしている組織もある。いくらでも理想を掲げることはできるが、神格化された理想を追うことはお薦めしない。最初のうちは本を買ってみて読んでみたり、先輩社員や先輩リーダーに教えてもらう機会を作ってみたりするものの、仕事に忙殺されて、だんだん月にそれほど多くの時間は取れなくなり、目の前のことだけで手一杯になってしまう。基本を1つずつ学び、学んだことを1つずつ実務の中で実行・応用し、その中で最適化し、習慣化していけば良いのだ。

管理職やリーダーになったら、最初に何をすれば良いのだろうか。随分と管理職をやっているけど、マンネリ感が漂ってしまっているという人は、その状況を脱するために何をしたら良いか。多くの声に応えることはなかなか難しいことであるが、管理職の経験はあなたの人生においてとても有益な経験とスキルをもたらすはずである。まだまだやれることはある。管理職を甘くみてはいけない。そんなことで、実践に際してどんなことを考えていく、実際のアクションにするかを整理したいと思う。

5-1　準備

組織やチームの大小とは関係なく、最初の3、4ヶ月くらいで自分のチームや組織の活動を軌道に乗せることが重要である。チームや組織を機能するものにするために魂を吹き込むのである。初めて管理職になった人ならば、小さな組織でも1年以上かかると思った方が良い。グループメンバーの数を自慢する輩がいるが、そんなことに心を奪われてはいけない。自分とメンバーの2人だけという最小単位を機能させることが基本中の基本なのだ。小さな組織を機能させることができない人には、大きな組織も任せることはできない。単に組織のサイズが大きくなるということばかりではない。サイズが大きくなると機能しているのか機能していないのかの判断が難しくなるのだ。また、サイズはそれほど大きくなくても、キレキレのメンバーばかりがいる所謂「スタッフ部門」を任されることもある。

一人のスタッフが複数のプロジェクトを管理していることもあり、そういうメンバーと一緒に仕事をするとなると、自分とそのスタッフメンバーという単位がいくつもできる状態になるのである。そういう状況下で、成果を出し、人を育成し、組織全体に好影響をもたらす仕事をするためには、色々な工夫が必要になる。

さて、自分がチームを任される、あるいはグループを任されたら最初にやることはどんなことであろうか。どんなことを優先度高く進めて行けばいいのだろうか。最初の2ヶ月くらいで確実にやっておいてほしいことをリストアップする。

心の準備

心の準備とは、あなたの気持ちをリラックスさせることではなく、あなたがメンバーと共に組織やチームの目的を果たすために、あなたが覚悟を決めることである。覚悟を決めるポイントは以下の3点になる。

まず、あなたがあなたのチームやグループの活動において責任を取る立場になるということである。何も失敗したときに謝れば良いということではない。時間は元に戻らないし、本当は誰も責任なんて取ることなんてできないのだ。だからこそ、しっかり練りこんだプランを考え、強いチームを作ることにコミットしてほしい。問題が起きたときにも逃げずに対処してほしい。

そして、人から見られる、人から評価されることを受け容れる覚悟である。他者があなたに対して設定するハードル・スタンダードは高くなるということである。皆があなたを特殊なメガネで見始める。あなたがリーダーとして相応しいスキルを持った人間か、人間的に尊敬できるか評価を受ける。もちろん他人と比較もされる。常に見られていると思った方が良い。

最後に、メンバー個々の良さや強みを引き出し活動の中で活かす場所を提供し、更にその能力を高い次元へと導くために試行錯誤することへのコミットである。人が強くなればそれだけ組織のポテンシャルが高くなる。メンバーの育成はあなたの大事な仕事の1つなのである。例えベテランでも技術的なスキルが高いメンバーでも、放ったらかしにしてはならない。難しいことかもしれないが、難しい役目から逃げてはいけない。

メンバーのことを知る

まずあなたがやるべきこと。それは、まずメンバーの性格や特徴をよく理解することである。あなたが一緒に活動や仕事をする仲間である。人は自らの意思や感情を持ち、価値観も多様で、ヒトという主観的合理性で判断するリソースであるから、完璧に相手のことを理解するのは不可能であろう。しかし、メンバーに興味を持ち、メンバーの好きなこと、得意なこと、気分転換の方法、どんなことはモチベーションが上がらないかなど、何かの折に知る習慣を付けることはやっておく必要がある。一回の対話でメンバーのことを把握できるわけがない。だからと言って、闇雲にアンケートのようなものを使って、短絡的に情報を取れば良いということではない。

真の目的は、メンバーのことを知ることである。人を知ることのメリットは極めて大きい。一度だけ話をしたことがある人よりも、何度も話をしたことがある人の方が、お互いの距離は縮まる。自分のデータベースに相手の情報を入れ込んでいく作業をイメージしてほしい。相手が何を望んでいるのか、どんなことを期待しているのかが理解できないのに、何かのアクションを取ったとしても無駄骨に終わる可能性が高い。

メンバーのことを知る意義は、効果的なアクションを考えるためである。あるアクションが期待通りの効果につながるかどうか考えたとき、その効果が予見できる方法があったとしたら、誰でも飛びつきたくなるであろう。

例えば、金属の成分を調べる方法に「炎色反応」というものがある。炎の「色」が特徴的で、身近なところでは花火の着色にも応用されている。金属を炎の中に入れると、熱のエネルギーを吸収する。このエネルギーを放出するときに光を発する性質を使用したものである。金属元素毎に発する光の波長が異なるので、アルカリ金属ならば「濃い赤」、アルカリ土類金属なら「オレンジ色」というように、違った色として見えるというわけである。つまり、金属の特徴を知っているから、炎色反応をすると、この色になるということが精度高く想像できるようになる。同じアプローチで、ある人の性格や特徴を知り、ある人にとって効果的なアクションを考えるということなのだ。そんなに簡単に人のことがわかったら苦労しないわけであるが、その努力をメンバーの活動や仕事の責任者である管理職がしないで誰がするのだろう。

余談ではあるが、かつてあるコーチングを受けた後、私は自分の管理職としてのあり方を考え直し、「部下」という言葉を使うことを止めた。上下を連想する言葉は、封建制度や戦時中、高度経済成長期の部下上司にあった生殺与奪の世界観は、私の作りたいチーム像のイメージと全く合わないからである。言葉遣いにも留意するようになった。ビジネスにおける標準語は丁寧語が適切だからだ。いま、お互いが担当しているのは機能するチームの中での役割であり、チームや組織としてそれぞれが役割を全うしているかどうかが重要なのである。どっちが上で、どっちが下という話はとてもつまらない。

継続的にメンバーと話をする機会を持とう。週一回の頻度でも良いし、それ以外のときでも質問や支援要請があればいつでもウェルカムの体制でメンバーを迎えよう。話しかけられても顔はパソコンの画面を向いたまま、メールなどをチェックしているなんていうのは絶対にやってはいけない。そんなことをしたら、一瞬にして見捨てられてしまうだろう。声をかけられたら、すぐに手を止めてメンバーの方を向こう。とても簡単なことである。

お互いの役割を明確にする

メンバーのことを知る努力と並行してやらなければならないことは、機能するチームとして協力関係・信頼関係を構築することである。

そのためには、まず自分とメンバー、メンバー間の役割を明確にする必要がある。役割を細かく区別するということではない。職務記述書のようなものがあれば、その中に具体的な記載を含めるくらいで十分であるが、加えて自分が先頭に立って実行するあるいは自分が主体的に行う業務や役割も明確にしておきたい。第一章で触れたような管理職に期待される役割をベースとして、シニアマネジメント対応、予算管理、情報管理、リソース管理のような大きなカテゴリーでの役割で良い。これらに加えて、問題が起きたときの初動検討は管理職である自分が務めることを説明しよう。また、協働スキームのリエゾン（調整）役も管理職の役割である。

自分の役割のラフデザインが終わったら、メンバーを加えて、チーム・組織の活動が漏れなくカバーされるようにメンバー個々の役割も確認しながら、誰もカバーしていないところを特定しつつ、協力関係・責任範囲がわかるようにデザインする。例えば、現状誰もカバーしていないエリアが2つあったとして、Aさんは情報マネジメントプランのBというエリアについて担当する、Cさんは顧客ニーズ分析の担当のように、スキルや経験を考慮して適任者にカバーしてもらうことを考える。比較的手が空いている人をアサインしてはいけない。

さて、協力関係で大事なことは、昔でいう「報・連・相」の対象エリアをクリアに説明することである。「言った」とか「聞いていない」の話ではなく、どんな情報は必ず共有してほしいのか、どんな案件は必ず議論を必要とするのか、逆に自分もどんな情報はメンバーに共有しなければならないのかを明確にしておくことである。ちゃんと共有せずに「常識の範囲で、よろしく」というようなことがないようにしたい。ちゃんと伝えなければ、誰もあなたの考えを理解することはできない。特にアイデアや考えが先に行き過ぎてしまいがちな戦略部門のトンガっている方には、強調しておきたい。他人の心が読める超能力者なんていないのである。

自分たちの置かれている環境を理解する

できるだけ早い時期に内部環境、外部環境の影響を把握しておく必要がある。自分たちの目標設定において重要な事項であり、付随して多くのことを考える必要が出てくる。何も変化のない環境であれば、わざわざ管理職やリーダーなどを置く必要がない。

内部・外部環境の評価がある程度進んだら、組織内・組織外のステークホルダーの特定、ステークホルダー・マネジメント・エンゲージメントの目的やプランも含めて考えてみる。第二章で触れた7Sを活用してもらっても良いが、慣れないうちは時間もかかるので、前任者から参考になる情報を共有してもらい、また客観的な評価が必要な項目については、業務に並行して進めていくことをお勧めする。もちろんゼロベースで構築されるチームや組織の場合は、ゼロベースですべてを考える必要があるが、必ずチームや組織のどこかに参考になる情報はあるはずだ。社内ネットワークを駆使して、信頼性の高い情報を収集しよう。

次に、自分たちの使えるリソースを特定し、目的・目標を達成するためのロードマップの素案策定、障害の特定、解決方法、またプロセスの中での効率化を考えたり、生産性を向上させるためのアイデアも入れ込む。1年くらいの短期的な目標に加え、3〜5年くらいで中長期的に達成したいことも羅列しておきたい。そのためには、組織全体の目標や中長期プランも把握しておく必要がある。ビジョンやミッションは無理に自分達用に考える必要はなく、上位組織が作り込んだものをそのまま踏襲する方法でも良い。

ステークホルダー・マネジメント・エンゲージメントを考えたとき、協働する他のチームやグループがある場合は、協働先のキーパーソンの特定や信頼関係構築も必要になる。協働相手やステークホルダーとしてリストに入れておき、協働プラン・マネジメントプランとして策定しておこう。そして、協働先との調整やコンフリクトの解消が必要になった場合には、管理職であるあなたがイニシアチブを取りながら、進めていくことが重要である。時間を使って、その地固めをしよう。もしメンバーの方が頻度高く協働先と面会する機会があったり、既にチャネルが構築できている場合は、メンバーに調整役をお願い（委譲）する方法もあるが、責任ある立場のあなたがリエゾンとなり、協働スキームの上流に入ることで、効率が良くなるというメリットもある。またメンバーが使う時間の節約にもなる場合もある。全部自分でやれということではなく、何の役割は自分がカバーすることなのか、どんな場面では自分が先頭に立ってやるのかをしっかりメンバーと共有しておくことが重要なのである。

目標を立て共有する

自分達の置かれている環境を把握しながら、年間の目標、中長期の目標を策定していく。まずは年間スケジュールの策定である。

1年という時間は思った以上に短くもあるし、長くもある。時間の有効活用は、無駄を省き、自分たちのビジネスや活動に付加価値を生む。捻出できた時間で、別のことができる。これはリソースを増やしたことになる。少なくとも大きく3つはカテゴリーを作ってほしい。まず、あなたの「活動そのもののコア」となるもので成果を出さなければならないこと。これはほとんど考えずに立てられるだろう。2つ目は「生産性」に関連する目標である。3つ目は「人の育成や組織・チームを強くする」ことを企図した目標である。

まずあなたのチームや組織が1年間に必ずやるべき「コアの活動に付随する目標」を漏れなくリストアップする。例えば、単に予算消化100%と書かずに何にどれだけ使うのかを詳細に書く。セミナーの企画・開催であれば、目標の回数などを書く。スポーツチームであれば、予定された試合数・合宿・練習内容を書く。リストアップしたら、期待する効果を客観的な指標に置き換えて目標を文章として完成させる。そしてそれぞれの目標毎に期待する効果が高くなるような具体的なアクションを考えて、リストアップする。そのリストをすべて実施することで、目標をすべて達成できるかどうか精査する。繰り返しになるが、実行するアクションだけを目標に書くだけでは不十分である。

例えば、「エキスパート向けセミナー・ワークショップの実施」では全く意味がない。セミナーを実施することで何の期待効果・成果を組織として得たいのかが重要なのである。

満足度や知人にセミナーを紹介したいレベルを指標とする場合は、客観的な指標として目標を設定しやすい。ここで重要なことは、何のアクションをすれば、その指標に影響を及ぼすことができるかを考えることである。期待する変化・成果を伴って初めて目標を達成する意義が出てくる。ただし、アクションだけを目標にすることはお薦めできない。それはただのチェックボックス・エクササイズでしかない。もちろん、それでも目標を達成することもあるかもしれない。しかしあなた自身に大きな成長は期待できない。あなた自身も成長しなくてはならないのだ。他人に見られても、後ろめたくない年間目標を立ててほしいものである。更に達成が難しくなったらどうするかを検討しておく。アクションの追加、再考も重要なのである。どの段階で、どんな状況になったら目標の見直しをするかを考える。このような手法を、「トリガーを設定する」という。効果が得られないのであれば、方法を見直すのは自然なことなのである。

中長期の目標としては、自分達のチームや組織が継続的に成長するための施策を考える。上位組織があるのであれば、その目標とリンクしていることが重要である。3年後あるいは5年後に、自分達の業界や所属団体の中でどんなポジションに立ちたいか。そのためには何を継続的にやっていくかを考える。売り上げやシェア、顧客満足度などで説明できる活動をしている場合は、明確な目標が立てやすい。何かを受賞することを目標に立てることができる場合も明確である。自分達が強化しなければならない部分を客観的に分析し、効果的なアクションを打っていく。個々の細かなアクションを期待する効果と共にリスト化してメンバーと共有する。

一方で、例えば戦略系スタッフ部門のように目標が立てにくいことがある。そんな場合は、業界や所属団体の中でプレゼンスを発揮しているチームや組織がなぜプレゼンスを発揮できているのかを分析して、達成目標の指標の参考にすることをお勧めする。例えば、業界を代表するプレイヤーが就く役目に自分達のチームや組織からメンバーを輩出することなどもある。研究機関では学会などの理事や評議委員などが第一線の研究者であり、かつ学会の重責を担えるようなメンバーを輩出するなどのアイデアもある。

生産性に関する目標も、人の育成や組織の強化に関する目標も同様の考え方で設定する。生産性に関しての目標設定については、漏れなく、重なりなく考えた方が良いので、ハード、ソフト、カルチャーに分けて、リストアップしていく方法をお薦めしたい。ハード面で生産性の向上やプロセス改善が必要なこと、ソフト面で実施すること、またカルチャーとして推進していくことを羅列していく。やめることを特定し、更に効果の期待できるアクションを立てることもチームや組織のためには重要な判断になる。

管理職とメンバーの役割で大きく違うところは、自分が守備範囲としているプロセスや活動において、どのように付加価値をつけるかを考えることである。これは管理職やリーダーの仕事である。

バリューチェーンという言葉を聞いたことがあるだろうか。付加価値というものが、どの工程でどれだけ生み出されているかを分析する手法である。シンプルに説明すると、小学校の算数で習った、仕入値、利益、定価、割引、売値である。問屋さんからモノを仕入れる。そして、見込んだ利益分を乗せて定価で売り出すが、売れないから値引きをする。ちょうど良いところで、消費者が購入するという話なのであるが、実際の企業活動になると、極めて複雑な話になる。例えば、商品の企画から始まり、原料を調達し、試作品を作って試行錯誤の末に商品化をして、製造して、流通させて販売というステップがあるとすると、商品企画から販売して消費者の手に届くまでの一連のプロセスがバリューチェーンというものである。

最初は売るものがないから、商品として売るものを作るための材料を買う。材料はタダではないので、ここでコストが発生する。このコストを商品として売ることで回収できなければ、商売は成立しない。このコストというものをどう考えるかとても重要になる。次に商品を製造するときにもコストがかかる。見た目のコストに加えて、バックステージでのコスト、例えば人件費、商品開発のコスト、総務・人事などのコストも無視できない。消費者がこれらのコストを含めた価格を「商品の価値」として受け入れられるものであれば、商品の価格に乗せることができる。しかし、消費者のニーズがないものに、かけるコストは無駄なコストになるだけであり、消費者ニーズが満たせるもの、例えば使用感が向上し満足度が上がるなどにつながるコストは価値を生んでいる工夫として考えることができる。

また、同業者がプロセス改善や安い原材料からでも高品質な商品を作ったとすると、競争に負けてしまうわけである。このように、プロセスの中でどこを効率化させたら良いか、どこの無駄なコストを省いたら良いのかを考えることは、とても重要であり、管理職の大事な仕事の1つなのである。あなたの指示や思い付きで無駄な時間を使わせているとしたら、どう思うだろうか。そのコストは消費者が被れば良いわけではない。適正な価格の良い商品を生み出し、良い商品を適正価格で提供できるように工夫するのは、何も経営者だけの仕事ではない。だから生産性の向上策はあなたの仕事なのである。

さて、目標を設定したら、メンバーと共有し、メンバー個々の目標についても時間を取って一緒に考えることが大切である。目標の立て方のコツもしっかりと共有してほしい。なぜなら、次にあなたの後任として誰を選ぶかはとても重要なことだからである。意外にも管理職やリーダーとして必要なことは継承されない。業務内容くらいは引き継ぎのプロセスがあったりするものの、どうチームや組織を機能するものにしていくかの方法論についてはほとんど伝承されない。

ここまでは着任してから遅くとも2ヶ月くらいで終了させておくことを念頭に置いて、自分のスケジュールを考えておいてほしい。準備ができても、機能するチームになったわけではない。これからが本番である。

5-2 機能するチームを作るためにすること

バリューチェーンを取り上げて解説したように、いかに日々の実務の中で効率を上げていく、生産性を上げていくことを考えるかが重要で、ここがあなたの腕の見せ所である。

付加価値を生み出す仕事をしたいものである。実践していくためのヒントを紹介する。

仕事の回し方を考える

ＰＤＣＡサイクルというものを聞いたことはあるだろうか。生産性向上のサイクルをデザインする際のアルゴリズムなのであるが、最近では色々なパターンが提唱されている。自分たちの活動が比較的縦割りの要素が強い単独系業務の場合はＰＤＣＡ（ＰＤＳ）サイクルを考えることでも良いし、都度迅速な意思決定を必要とするようなチームや組織であれば、ＣＡＰＤサイクルやＯＯＤＡループを使って、自らのチーム・組織の活動に対して必要なときに適宜修正プログラムを入れ込めば良い。ＰＤＣＡ（ＰＤＳ）サイクルはＰｌａｎ（計画）、Ｄｏ（実行）、Ｃｈｅｃｋ／Ｓｔｕｄｙ（評価／詳細検討）、Ａｃｔ（改善）の頭文字をとったもので、継続的な業務改善を考えるための手法である。ＣＡＰＤサイクルは、ＰＤＣＡの順番を入れ替えたもので、Ｐ（計画）の練り込みに時間をかけ過ぎないで、まずはどこから改善するかを考えるところ（Ｃｈｅｃｋ）からやってみよう！というアイデアである。ＯＯＤＡループは、元々は軍事的意思決定プロセスとして開発されたもので、意思決定の精度に強みがある手法である。監視（Observe）、情勢判断（Orient）、意思決定（Decide）、行動（Act）を繰り返すことで意思決定を助けるツールである。

どのツールや考え方もメリット・デメリットがある。どれが正しいとかいうことではなく、実践の中で、自分の管轄するライン業務にとって最適なサイクルをプロセスとして策定すれば良いだけのことである。重要なことは、あなたがあなたの役割を果たすために、人からの助言だけとか、経験則だけに頼るのではなく、どれだけのバリエーションでどれくらいの問題や課題解決に最適な方法を選んで、対処できるかが期待されているということを理解することである。そして、何のためにPDCAサイクルのようなものを考える必要があるのか？　を理解することが最も重要なことだと思う。

つまり何か目的があって、それを果たしたいから、ツールや方法論があるわけで、具体的に挙げると目標設定とか課題設定というのがツールや方法論を適用する理由になるわけである。ツールは万能ではない。使う理由があって初めてツールとしての機能を発揮するのである。使うツールの適切性を考えずに、むやみに使うとツール活用の意義は薄くなるし、ツールに振り回されているようでは本末転倒である。ツールはメリット・デメリットを理解してから使うこと。必要に応じてオリジナリティーを入れ込むくらいの発想がほしい。ＰＤＣＡサイクルについても添えておこう。実践では単一のＰＤＣＡサイクルを考える機会は、皆無に等しい。色々な問題が複雑に絡みあい、多数の関係者が関与する問題ばかりなのである。

問題発生時のあなたの仕事

管理職やリーダーの大事な仕事の1つに問題が起きたときの対応がある。コンフリクト・マネジメントという言葉がある。コンフリクトというのは、いわゆる調整が必要になった状態を指す。何も問題が起きないことに越したことはないが、あらゆるエリアでコンフリクトは起きる。予算が足りなくなる。在庫が不足する。人手、時間、情報も不足する。未然に防げる方策を先に打っておけるなら幸いだが、必ず問題やコンフリクトは起きると思った方が良い。例えば、問題が起きたとき、あなたはメンバーに対してどういうリアクションを取るだろうか。あなたは、責任者として解決に向けてどんな行動を取るだろうか。ここでは教訓的なポイントをいくつか紹介する。

メンバーから問題発生の第一報が届いたとき、あなたはどうするだろうか。あなたの体にどんな変化が現れるだろうか。まず、ヒヤッとするだろうか。急にドキドキするだろうか。不安に襲われるだろうか。そして「他にも似たような事例があるんじゃないか？」かつて自分のスーパーバイザーに言われたことを瞬時に思い出し、反射的にこんな質問を繰り出す。その瞬間、あなたとメンバーとの関係は緊張した空気に包まれる。あなたはメンバーを追い詰めるような質問を次々と投げかけてしまう。

確かにその質問は、普段のマネジメントでは重要かもしれないが、初動を考える時に適切かどうかを考えてほしい。原因・理由はどうであれ、メンバー本人は勇気を振り絞ってエラー発見のアラートを発したのだ。メンバーに不安をぶつけるのがあなたの仕事ではない。あなたの責任者として取るべき初動は何だろうか。あなたは、速やかに解決に向けたアクションをとらなければならない。自分のスーパーバイザーにも支援を要請する。エラー修復の緊急性とインパクトを考慮して、関係者と調整して特別チームを組む。現場レベルに詳しいメンバーにありったけの情報を出してもらうように指示をする。これはあなたの役目である。

これと並行して「他にも似たような事例があるかどうか？」の調査をメンバーあるいは

他の適任者にお願いすることもできる。問題が起きたら先頭に立つ。メンバーの方が先頭に立つことが相応しいと思ったら、伴走することが重要なのである。このようなことは誰も教わらないし、どこにもまとまっていない。むしろ管理職に就任する前に理解しておく基本の基本だと思う。災害時の避難訓練はやるわけだから、組織活動の避難訓練もやった方が良い。初動の取り方を体系的に教えているチームや組織は少ないように思う。問題発生時の初動についての教育がなされているチームや組織は意識が高いし、あらゆる事態に対する耐性を備えていると言えよう。

リソースモニタリング（特にヒト）

お金やモノ、時間や情報は、表やグラフなどで見やすい形で管理し、関連情報をデータベース化して管理することができる。ヒトはなかなかそうはいかない。どこを眺めても、テレビゲームのようにレベルやパワー、モチベーションを表示するようなものは表示されていない。メンバーには常にベストのコンディションでベストパフォーマンスを発揮してもらえるようなアイデアを展開してほしい。

常に高いスタンダードを課す、あるいは自分の能力を過小評価するタレントも少なくないから、強みだと思ったところは徹底的にフィードバックしてどんどん伸ばしてもらう。意外にタレントほど、能力に対する基準が高く、どんなことでもできて当たり前だと思っているから、自分の強みを正確に把握できていないことが多い。自分が気づいていない能力を認識してもらうことは効果的なのだ。自分の特技は誰に何も言われなくても磨きたくなるものである。

一方で、人の苦手なことは目に付きやすい。そこはグッと堪えて、素晴らしいと思うところや強みにフォーカスしたい。長い会社人生で、苦手改善を強いることが、得策だと思った経験がない。まず「苦手克服」と「育成に適用する考え方」は混同しやすいことを理解しておく必要がある。場合によってはコンピテンシーという観点で整理する必要がある。育成を考えたときに重きを置きたいのは強みと弱みのバランスである。苦手を克服することで強みになるわけではないし、例えば「論理的である」というものも、実は場合によっては強みと弱みが表裏一体の関係になってしまうことがある。相手が嫌がるくらいに理詰めで迫ったら、かえって嫌な奴になってしまうのである。論理的であることは立派な能力であり、使い方を工夫することが重要なのである。普段の活動の中で、そのことに気づかせてあげられる人は、そう多くはない。だから、それはあなたの役目なのである。

メンバーが困っているときのサインを一生懸命探す必要はないが、普段の表情や反応を知らないと、メンバーからのＳＯＳを見落としてしまう。ただでさえ、すべてを話しにくい状況にあるのだ。何かあると、迷惑をかけてしまうのではないかと思ってしまうキャラクターの方もいる。いくらあなたが気さくに振舞っていたとしても、パワーバランスや職位・権威（オーソリティー）を必要以上に気にするメンバーもいるのである。メンバーを知るための日々のコミュニケーションに工夫が必要なのである。

あの人に何を言っても無駄だと思われたら、あなたの責務は果たされないと思った方が良い。まず、あなた自身がメンバーと一緒に働きたい人かどうかである。だから上から目線の態度は禁物である。何もしなくても上からになってしまいがちなのである。相談を受けたときも、反射的に「あなたはどう思いますか？」と聞いていないだろうか。「考えを問うのは良い質問である」と色々なところに書いてあるからかもしれない。しかし同時に、メンバーによっては相手を追い込むことにもつながる質問であることを認識しておいてほしい。気軽に聞けるキャラのメンバーもいるが、勇気を出して聞きに来たメンバーもいるのだ。また、相談時間の大半を自分が喋っているということがないように自分を客観的に見る工夫も必要である。意見を言うときも、自身の経験談だけだと聞く気がなくなる。あなたにとって快適な環境が必ずしも相手に受け入れられているとは限らない。そして、根拠のない説明や単なる経験則は、あなたの信用を下げる。おどかすつもりはないが、まずは人間同士の本気の語り合いから始めてほしい。

管轄組織を持つようになっても、上手く組織を機能させられないうちは、自分のことだけで必死になってしまい、活かさなくてはならない大事な能力を見落とすものである。リソースを預かるということは、指導と称して何かにつけて「ダメ出し」をするようなことではない。どんどん能力を引き伸ばし、組織のパフォーマンスを向上させることである。例えばアウトソース先のメンバーなどに対しても同様である。それが、管理職の役割なのである。自分の役割をしっかり考えて、戦略の本質を理解して、研修の中だけでなく実務の中で実践してほしい。どんなところでも効率良く実務を通じて経験を経験以上のものに替えていく工夫が大事なのである。あなたも日々学んで成長しているのである。

ツールの誤用はコスト増につながる

バリューチェーンを考えたときに、あなたのちょっとした一言やアイデアが付加価値に代わるのか、コストに代わるのか？　関わるメンバーや成果物のイメージ、そしてそれができてくる工程も含め、よく考えた助言をしてほしい。ここで強調したいことは、ツールや方法論の誤った理解そして不適切な利用は、時間を無駄にすることにつながるということだ。

例えばブレインストーミング。顧客のニーズを洗い出したり、組織の問題を洗い出すときに登場する機会も多い。ただし、重要なことが抜けてしまっていることが少なくない。誰がそのブレインストーミングに参加するのか。誰がメンバーを適切に選んでいるだろうか。ブレインストーミングには、思いつきで挙げられるだけ挙げる、他人を否定しない、というグランドルールがあり、人数を増やせばそれだけアイデアが出てくるという部分だけを鵜呑みにした誤用が絶えない。ここで確認してほしいことは、何でもブレインストーミングというのが日常的になっていないか？　ツールの効果と適用場所を考えないでツールを使おうとしていないか？　ということである。

専門性を要する事項に関して検討するときに、俯瞰的な視点や専門的知識がない人を集めて原因分析をしても、ほとんど意味のない時間を過ごすことになるわけである。ツールありきではなく、目的に応じてツールや方法論を適用することが重要なのである。

また、あなたがグループメンバーから何か提案について相談を受けたとしよう。あなたはどういうアドバイスを送るだろうか。いきなりプロコン（Pros and Cons）を出せと言っていないだろうか。プロコンが答えを出してくれると思い込んでいることが多い。ある意思決定に関して、プラス要因とマイナス要因を整理するには良いツールかもしれない。しかしその中に飛躍し過ぎたプラス要因とマイナス要因が混ざっていたとき、あなたはどんな助言をすることができるだろうか。事実ベースで練り込まれていない「たらればだらけのプロコンが出てきたときどうするだろうか。時代の変化や、そのときの想定が織り込まれていなければ一体何の役に立つというのだろう。また、声の大きなシニアの顔色を見て、どういう立場に立つべきだということありきで作り込んでくるケースも少なくない。ツールの誤用を見ても何も気づかない、助言もできないということでは困る。プロコンのやり方も丁寧に説明してからさせるようにしよう。結局、出てきたものを見てダメ出しをするくらいならば、むしろそのアプローチを取るように助言しない方が良いのである。

ステークホルダー・マネジメント・エンゲージメント

ステークホルダーへの働きかけを日々の活動の中で意識することは重要なことである。前に触れたように、自分たちの活動に大きな影響を及ぼす重要な人物や団体・組織を指し、そういう人や組織に自分たちの活動に対してエンゲージしてもらう。つまり、一体感や深い関係を構築するために何をするかを計画的に進めることがいわゆるステークホルダー・マネジメントというものになる。

初めにやることはステークホルダーについて整理をすることである。自分たちの活動によって多様であるが、詳細に絞り込んでいくことが重要であり、自分たちの活動に対してどのような影響を及ぼすことになるのかも特定していく。例えば、「地域社会」とだけ書いても全く意味がない。地域社会のAという団体のB課のC氏のように特定する。そしてC氏が何の影響を持ち、自分たちの活動にどのようにエンゲージしてもらえると、自分たちの活動に付加価値が出るのか、また自分たちの活動に対してマイナスの要因となるのかを分析して明記する。また、「一般消費者」とだけ書かずに、Aというセグメント、これが年齢層を指すのか、居住地や行動パターンを意味するのかを特定する。当然、顧客・従業員も大事なステークホルダーである。このプランを策定するに際して組織のリソースは有限であるため、そこまで影響しないものに対して、そこまで手間をかけることはできないので、SWOTで評価したところの機会（O：Opportunity）につながるのか、脅威（T：Thereat）になり得るのかのレベルで考えると、優先度や緊急度が整理できるのでお薦めである。特にTとなるステークホルダーにどうエンゲージしてもらうかを考えるのは、自分の組織だけの話でどうにかなるような話ではないことも少なくない。組織全体でどう働きかけるかなどを考えておくことが重要である。

逆に現場レベルで特定できていても、組織全体でステークホルダー・マネジメントプランを考えていないこともある。担当部署がないことも少なくない。組織活動全体のデザインが練り込まれていないことは残念なことによくある話である。自分たちレベルでできて、かつエンゲージメントまで漕ぎ着けると評価できるのであれば、挑戦してみることも良いだろう。ただし、自分の組織のやるべきことの優先順位は考える必要がある。どんな活動もリソースがかかるのである。また、一度構築した関係を維持あるいは更に強化することも、必要に応じて考えよう。

タスクフォースを動かす

タスクフォース（タスクチーム）は、比較的短期で緊急性の高い課題への対処法の模索や、問題発生時の初動対応や、膠着状態の続く前線突破を期待して結成される「スペシャルチーム」である。これがタスクフォースを結成する目的である。この目的を考慮して、組織の中から最も適任な人をアサインする。なぜなら一から勉強させる時間がもったいないからである。スピーディーに物事を進めたいし、議論もテクニカルになることが多いので、同様の案件の対処の経験が豊富なメンバー、対処する案件の勘所を理解しているメンバー、猛者をまとめることに長けたメンバーを先頭に立たせることを考える。そして、その他のスキルを考慮してベストメンバーで構成し、課題や問題に挑む。

タスクフォースを立ち上げる前に、次のポイントを確実にしてほしい。

本当に必要だから立ち上げているかどうかが重要である。何をやってもらいたいかがクリアでなければ、別の方法を考えることとし、タスクフォースはやめておこう。タスクフォースを作ることが目的ではないはずだ。何をやってもらいたいかがクリアになったら、次は誰を先頭に立たせるかである。適任者がいるのであれば良いが、総合的にスキルが高いからと言って、少し手が空いているメンバーや育成目的で、組織のベストパーソンでない人を先頭に立たせることは全くお勧めできない。本人、タスクフォースメンバー、タスクフォースのオーナーの全員が悲しい思いをするからである。道なき道を作ろうとしているところをイメージして、ベストメンバーを選んでほしい。誰かを育成の一環としてメンバーに加えたいのであれば、最初はサブリーダーのような役割で関わらせ、本人とリーダーに、何を学んでもらいたいかを確実に伝えてほしい。

メンバーを選んだら、メンバーのスーパーバイザーに協力体制を敷いてもらえるようにお願いしにいこう。タスクフォース結成の背景説明やどれくらいの期間どれくらいの時間が必要になるのかを含めて説明する。

そして、期待する成果と期限をタスクフォースメンバーにしっかり伝えてほしい。最終成果物のイメージ共有が大事なのは普段の管理職業務もタスクフォースに何かをやってもらうのも一緒である。

あなたはリーダーと定期的なコミュニケーションを通じて、進捗を把握することになるが、そのタイミングも最初にリーダーと話をしておくこと。

リーダーには必ず成果や進捗を随時要約しておくことを依頼する。ミッションが完了したら、必要な関係者と共有をすること。やり残しがないことを確認してから、成果について感謝の気持ちを伝え、メンバーに「解散」の旨を明確に伝える。

何でもかんでもタスクフォース症候群になってはいけない。

自分の人生にも付加価値を

自分も日々成長する必要がある。そのための仕組みをどう構築して日々実践するかである。繰り返しになるが、最も効率の良い学習の機会は、実務を通じた学びである。知識が足りなかったために、あるいは理解が足りなかったがために、もう少し良い指示ができたはずだ、もう少し良いやり方があったはずだと反省したり悩んだりすることは健全でかつ良いことなのである。なぜならその反省の状況が理想と現実のギャップの観察結果であり、自分の価値観、興味、向上心が、その結果を自分自身の問題・課題として捉えているということだからである。このような反省は、自分の成長につながるヒントになる。まさに、自分自身で自分の開発ニーズを特定した瞬間なのである。大事なことは、その後、その問題・課題を解決したいと思うかどうかである。忙殺されて何もすることができないという状況はよくある。でも、自分自身で見つけられた開発ニーズは、貴重なので、必ずメモしておくようにしよう。これなら1分とかからない。そして時間が取れたとき、通勤時間や歩いているときにでも、自分へ付加価値をもたらすためのアクションを考えてほしい。自分の人生に付加価値をもたらすのはあなた自身の大事な仕事である。必ずあなたの成功に期待を寄せている人、応援してくれている人はいるのだ。大勢ではないかもしれない。しかし、その人たちへの感謝の気持ちを忘れてはならない。

自分自身の開発ニーズはとてもわかりにくいことである。人に聞けば色々な意見やアドバイスが出てくるからである。それは自然なことなのである。他人からのフィードバックを受け入れるのには勇気や決心が必要なときがある。自分が持っている自分のイメージと異なっているからである。しかし、それは仕方のないことなのである。24時間観察されているわけでもないし、他者の価値観や行動倫理をフィルターにして観察された自分なのである。この原理を理解できていないと、他人からのイメージをコントロールすることはできない。「他者は自分をわかっていない」という自ら作り出すストレスを克服することも難しくなるだろう。

自分自身の開発ニーズを自分で見つけだすことは、とても楽しい。自分の気持ちに正直になれば、色々出てくるのであるが、誰でもできない自分を人には見せなくないものである。正直なところ、組織に所属していると、なかなか正直な自分を出せないときもある。自分自身の管理に自信がある人でも難しいことであったりする。つまり、作った自分、自分を作らなければならない状況を自ら作り出してしまうことがあるのである。でも本当の自分は、どうなりたいのか、自分にいま何が足りないか一番良くわかっているのである。これは、他人からは全く見えないことなのである。

自分自身を成長させるためのお勧めの方法として、自分の成長に伴走してくれる人を探す、つまり誰かにメンターになってもらう方法を紹介したい。メンターは、指導者というイメージが強いが、自分の成長を考える上で有益な気づきをもたらせてくれるのであれば、実は誰でも良い。他者からどう見えているのか本音で言ってくれる人も、ある意味ではメンターに選ぶことができるのである。だんだんポジションが上がると、誰も面と向かって言ってくれなくなってくるから、客観的に物事を見ることに長けていて、かつ観察したことをフィードバックしてくれる人は貴重である。メンターを持つことの効果や目的は自分で練り込む必要がある。それをしていないのであれば、ただお互いに話したりしているだけに終わってしまうだろう。意義のある時間になるように工夫するのは自分自身なのである。また、複数のメンターを持つこともお勧めしたい。自分の専門外のところからヒントを得ることがある。一人でどんなジャンルでもどんな事例でも相談できる、あるいは自分の考えをぶつけることができるというのは都合の良過ぎる話である。

もう1つの工夫を紹介する。メンターになってもらう人にも色々な性格やキャラクターがあるので、どうしてもお願いしたいが、相手が気を遣う、構えるというタイプの場合は、あえて「双方合意の下でのメンター」をお願いしない方法もある。つまり恣意的にメンターをお願いしていないことを意味する。年に数回は会うわけであるが、お互いに世間話を楽しんでいるようなシチュエーションになっているわけである。とは言え、自分は、自分の考えや論点を整理するための時間、自分がどう見えるのか？　ということを気づくための時間として使わせて頂いているわけである。

メンターやコーチは使い倒すこと。あなたの考えが凝り固まっているうちは、いくら使い倒そうとしたって、そうそう簡単に使い倒せない。彼らはあなたをみて楽しんでいるだけだから心配は無用である。

5-3　良い習慣は才能を超える

誰でも「座右の銘」というものを持っていると思う。私の「座右の銘」は、かれこれ20年近く変わっていない。そうありたいと思うような名言や格言をいくつかピックアップして手帳に書いたり、書家にわざわざ書いて頂いていたのであるが、最終的には1つだけ残った。いまでは、自分のスタイルになったように思うし、行動基準や理念として生きているような気がする。別に人から「座右の銘は何ですか?」と聞かれたときのために用意する必要は全くない。それではあまりにも面白くない。

さて、普段の管理職の実践において、気をつけていることや、お伝えしたいことがあるので、少し紙面を使って書いておきたい。例えば、普段の心がけのようなものや、争いが起きたときの心構えのようなものもある。ヒントになれば幸いである。おそらく人事や人材開発プログラムでも、ここまでは触れないと思う。でも、とても重要なことなのである。だからあえて書いておきたいと思う。

重要な資料は自分で作る

いわゆる管理職のイメージなのか、ＴＶコマーシャルなどで、自分で資料を作らない管理職がよく登場する。悪そうなオヤジが資料に「ダメ出し」をして、メンバーは自分のスキルにがっかりするシーンである。見るたびいつもリソースマネジメントと対極のイメージを抱いてしまう。あれは演出だとしてもやり過ぎである。

リーダーや管理職たるもの、大事なときにこそ、自分で自分の時間を捻出して、自分で資料を作ってほしい。理想論を掲げるつもりはないし、必ず全部自分で作れということを言っているのではない。進むべき方向性、今後の方針や提案を自分の言葉で語る、自分の説明責任を果たす、ということを考えたとき、人が作った資料やプレゼン資料を使って上手く説明できるのだろうか。その場を何とかやり過ごそうというプレゼンや、棒読みの話を聞いて、誰がワクワクするのであろう。重要な機会を使って、あなたは組織のモチベーションを上げるという目的があるはずだ。使い回せる資料や情報は腐るほどあるはずだし、情報マネジメントという意味ではあなたがハブになっているはずであるし、組織の責任者であるあなた以上にメンバーが把握しているべき情報があるわけでもない。

また、自分で成果物のイメージができないものをメンバーに作らせてはいけない。それは文字通り「無茶振り」である。あなたが修正をお願いする箇所を見つけ出すために使う時間もコストになる。手直しくらいであれば良いが、方向性や成果物のイメージがズレていたとすると、またゼロから考える時間を使わせることになる。育成ということを逃げ口上にして、問題をすり替えてはいけない。

スライドや資料作成は、お手本を示す良い機会であるし、スタッフ部門のメンバーは自分よりも良い見せ方のアイデアを持っていたりすることもあるから意見ももらえる。と同時に、あなたの作る資料は常に見られていると思った方が良い。お粗末なものを作ってメンバーをがっかりさせてはいけない。

プレゼンテーション

プレゼンテーションをする場面が、比較的改まった場であったりすることもあるせいか、プレゼンテーションというと大袈裟に取り扱われることがある。顧客からの業務発注がコンペ形式であったりすると、たった一回のプレゼンテーションだけで、仕事のオファーが決まったりすることもある。特にこれまでにお付き合いがない新規顧客を獲得しようとすると、相手のニーズがまだクリアになっていないなどの状況もあり、準備自体どうして良いのか悩むこともあるだろう。また、組織ガバナンス向けのプレゼンテーションでは、色々なレベルの質問や照会が出てくるから、特に念入りに時間をかけて準備を進めているチームや組織も多いのではないだろうか。世の中を見ても、プレゼンテーションのコツのようなものを取り上げた書籍も多いし、何とかプレゼンテーションスキルを上げたいと思っている人も多いのではないだろうか。

プレゼンテーションについて教科書的なことをいうと、コミュニケーションの中の一部という捉え方ができる。自分たちの活動を何かに対して示すことを指す言葉である。そうであれば、プレゼンテーションの準備のときだけ一生懸命に考えるというのは、違和感がある。短い時間でより多くの人に意図が伝わるように巷で取り上げられているようなプレゼンのスキルを向上させることに加え、普段の仕事の仕方を見直していく必要がありそうだ。

日々のコミュニケーションの中では、比較的コミュニケーションの目的に特化した話が多い。それでも、人によっては伝わりにくいと感じる説明をしてしまっていることもあれば、後で話をして見たら、やっぱり理解が部分的であったと反省することもある。だからできるだけ短時間で多くの人に自分たちの説明したいことが伝わるようにプレゼンテーションスキルを体得することはとても大事である。

プレゼンテーションというのは、例えば顧客向けのプレゼンテーションと、部門全体の方向性を示すときや、部門全体でどんなことに今年注力していくかなど、大人数を対象としたプレゼンテーションのようなものとバラエティーに富んでいるが、コミュニケーションの一部であるプレゼンテーションを実施する真の目的はどこにあるのだろうか。一番の目的はお互いが持っている情報、知識それらの理解度をなるべく同じレベルに持っていくということでないだろうか。つまり、コミュニケーションの目的をそのまま当てはめることができる。

コミュニケーションを難しくする要因にはいくつかあるが、ビジネスや専門性の高いチーム活動においてやっぱり軽視できないのは、専門性・知識の違い、情報量の違い、同じ専門エリアでも興味の違いである。一般的なコミュニケーションで出てくる「文化の違い」「コミュニケーション能力」は専門エリアが同じなのであれば、影響レベルとしてはそれほど高くない。プレゼンテーションにおいても、同じような特徴があるわけである。

では、普段の仕事の仕方をどう変えたらプレゼンテーションというもののレベルが上がるのだろうか。プレゼンテーションでの苦い思い出を振り返ってみよう。例えば、「ダメ出し」である。何がダメだったのだろうか。新規性が足りない、アイデアの練り込みが足りていない、結果が出るまでの期間が長過ぎるなどとシニアマネジメントから指摘された、顧客から価格やサービスのこと、更には本当に顧客のことを考えているのかと言われた経験など、たくさんあるだろう。また、プレゼン中の質疑対応ではどうだったであろうか。質問の中には、素朴な疑問も少なくないが、やはり「想定を超えたエリアでの質問」に苦戦を強いられたのではないだろうか。

苦い経験は「自分たちの想定が、プレゼン対象者の興味や重視するポイントとズレていた、あるいは異なっていた」ことを映す鏡のようなものである。視点の高いシニアマネジメントや、自分たちよりも特定のエリアに詳しい顧客は自分たちの知識の先をいっていると思っていた方が良いし、普段の業務の中で考えていること以上のことを、その場で説明できるわけがないと思った方が良い。だから、普段から考えている自分たちの活動について高い視点から、現場レベルの視点まで客観的・論理的に分析・評価することが重要なのである。そして、自分たちの活動を通じ、どのような社会的貢献を実現できるかを、自分たちがターゲットとするセグメントに対して説明・提案できることが重要なのである。準備できていないのに、闇雲に顧客を増やそうとしても、リソースを無駄にするだけに終わる可能性がある。準備して勝ち目があるかを考えることは更に上流のステップでやるべきことである。

プレゼン対象者の興味や視点を織り込んでいない自分たちの想定を冷静に振り返ってみて、どうであろうか。つまり、プレゼンの効果として、普段の仕事のやり方や考えていること以上の効果は期待できないのである。ましてプレゼン資料を作る時間も足りないところで、スライドの見せ方や構成ばかり気にして時間を使っていたわけである。やはりプレゼンテーションは、自分たちのことを示すコミュニケーション活動の一部なのである。私はこの気付きを得てから、プレゼンというものはプレゼンテーションスキルの向上がすべてだと勘違いし、自分たちの普段の仕事の仕方を過大評価していた自分が情けなくなり、自分の仕事のやり方を「得意領域を中心に置きつつ、守備範囲を少しずつ増やしていくスタイル」に変えることにした。

もちろん場合によっては、自分たちの知識や情報の方が、シニアマネジメントや顧客よりも先をいっているケースもあるが、その場合は、積極的にイニシアチブを取り、信頼関係を構築する機会につなげてほしい。

育成の基本はOJT

On the Job Trainingの略語がOJTである。OJTは、組織内で行われる組織内教育・教育訓練手法の1つであり、実際の活動を通じて育成を行う手法である。実務を通じて学ぶことが、学びの機会全体の大半を占めるという考え方がベースにあり、100年の歴史がある。本来の意味でのOJTは、何かの業務や活動を通じて成長を支援する枠組みに、意図的・計画的・継続的な指導プロセスが伴うものを指す。だから単なるワークシェアリングではない。多くの場所（組織・企業・団体・チーム・グループなど）でOJTの効果が過少評価されている。OJTに決まった型はないが、効果はOJT実施者の熟練度・計画に依存すると考えた方が良い。

OJTは、若手や新人向けの実技指導のようなイメージがあるが、その範囲は実に多岐にわたっている。ある特定の工程の特定のスキルを習得してもらうことが目的の場合もあるし、工程全体の流れを把握してもらうことが目的の場合もある。また、特定したスキルではなく、何か大事な気付きを得てもらうことが目的の場合もあり、ＯＪＴの対象はビギナーに限定するものではない。

ＯＪＴの進め方について説明する。まず準備である。まず大事なことはＯＪＴの目的を決めることである。育成を通じた組織の生産性アップが本来の目的であるから、ＯＪＴを受ける対象者の開発ニーズが重要になる。少し背伸びするくらいの目標が良い。そして計画である。どれくらいの期間で、何を習得してもらうかを考え、ＯＪＴ計画を策定する。できる限り本人の開発ニーズを入れ込む。何を習得するかは、それぞれ箇条書きで2～3行でも良い。できればどれくらいの時間で習得するか目標も添えておきたい。次に、ＯＪＴ対象者とのディスカッションを通じ、お互いの持つＯＪＴ後の成長イメージのギャップを埋める。受け手は概して自らの成長を過小評価しがちである。そして、受け手のスキル習得・成長への意欲を掻き立てるディスカッションを心がけてほしい。

ＯＪＴ実施者は、受け手の成長を最大化できるような環境作りを徹底すること。例えば、何時でも相談できるような環境を提供する。質問がなくてもわかっているものとして扱わず、説明は視点を変えて何度でもする。タイムリーなフィードバックを提供する。ということを必ず実施してほしい。

重要なことは、受け手の変化・成長についてよく観察し、積極的にフィードバックすることと、プレッシャーを与えないことである。失敗リスクが高く、その失敗が自分たちの活動において問題になるような題材は、基本的にOJTに不向きと考えるべきであるが、リーダークラスのメンバーには、一緒に考えてもらうような機会を提供することで上手なOJTの機会の創出になると思う。

また、OJTの効果を半減させるような事例も理解しておこう。横柄な態度（先輩風を吹かす、進捗を把握せず、突然思い出したかのように「まだ?」と聞く。「前にも説明したけど」と無意識に言う。出来上がりを見て否定する・笑う。最初はしょうがないと言う）、わからないことがあったら聞いてと言ったきり、受け手の観察をやめる、放ったらかし（例えば、何らかの書類を作成している場合で、完成する頃に受け手から質問されてはじめてFBするなど）、質問されても目の前の仕事に追われていて上の空。タイムリーにFBしない。これらは無意識にやってしまうことがあるので特に気を付けること。組織の中でチームの中でOJTの得意なメンバーには更にスキルを伸ばしてもらおう。

OJTは、組織の生産性向上に不可欠な育成手段であり、あなたの業務を減らすことではない。OJTの進捗について尋ねるとOJT対象者の能力に対してアレコレ悪く言うケースがある。もちろん、ＯＪＴの効果は受け手の気持ちやスキルにも依存する。しかし、ＯＪＴの基本を理解していない者にＯＪＴを任せてはいけない。ＯＪＴどころか大事なメンバーがやる気を無くしてしまう。これもタスクフォースの先頭に立つメンバーを選定するのと同じことで、適任者にＯＪＴをお願いしよう。

育成の機会と場を提供する

背伸びをさせる（ストレッチな）目標を提案してほしい。新人だから、若手だからということで、簡単で単純なことばかりさせてはいけない。悲惨なのは、最初は「これをやって」ということで単純な作業だけさせられたり、さんざん苦手なことをやらされた挙句、自分を磨くことや組織の目標を達成することを通じて社会貢献をすることに興味を失ってしまったり、心も身体も疲れてしまう状況に陥ることである。この労働人口が減っている時代に下積みというものが大事なのだろうか。と本当に思ってしまう。

さて、どれくらいのストレッチ目標が良いのかということであるが、できることなら自分もやったことがない業務の方がいい。失敗しないように念入りに打ち合わせをしたり、お互いに状況確認が必要になるからである。自分も大いに学ぶ機会につながるので一挙両得である。失敗するリスクは？　と思われた方、心配は無用である。自分も一緒に考えながら、進めるという方法がある。もちろん時間にゆとりがないときは、準備もフォローアップも疎かになるだろうから、お勧めはできない。ＯＪＴのところでも触れたが、実際の仕事から学ぶことの方が座学よりも成長につながる学びの機会が多いことが知られている。

もし、自分一人の守備範囲で育成や成長の機会を提供できないのなら、誰かに頼むことを考えてみる。自分のスーパーバイザーでも良い。同じ組織のメンターでも良い。大事なことは、自分だけで抱えずに組織全体で育成の場を提供することを考えることである。

メンバーを守るべきときに守ること

「あなたがメンバーを守れなかったら、誰が守るのですか？」これは私がかつてあるコーチングを受けたときに受けた衝撃の１つで、そのときのコーチの言葉である。守るというのは庇うということではないということを最初に添えておく。

チームや組織で仕事をしているとき、稀にチームメンバー同士で「殴り合いのような争い」に発展することがある。ヒトが多くなると、どうしても意見や考えを受け入れることが難しいシチュエーションが出てしまうことがあるのだ。何らかの対症療法で持ちこたえることもあるが、ダメだったとき、深刻な問題に発展する。このような問題に発展してしまったとき、あなたが取るべき行動はただ1つ。必要なときにメンバーを守る行動をとることである。史実が必ずしも正しくない可能性があるのと同じで、人から聞いた話や一方の話を聞くだけではメンバーを守ってあげられない。だから普段から自分の目と耳で、メンバーの行動を観察する時間を持つことはとても重要なのである。

争いの渦中にいる人には色々なタイプがある。その場で言い争いを始めるタイプもいるが、本人には直接言えないから「冷戦」を仕掛けるタイプもいる。どちらも相手を陥れようとする行為である。途中でその行動を阻止できれば良いが、暴走モードへのスイッチが入ってしまったら、自ら抑えることができないのだ。自分が納得するまで、相手を陥れるための行動をとり続けてしまうのである。例えば、「冷戦」パターンでは、周りに吹聴して陥れようとする行動をとる。あるいはなるべくポジションの高い人に言い付けにいく、働きかけるという手段をとるパターンもある。根に持ち続け、ことあるごとに過去の話を持ち出すパターンもいる。

直接、チーム・組織の責任者である自分に言いにくるタイプはとても有り難い。殴り合いでもそれなりのルールは自分で持っているからである。

クロスファンクショナルチームの場合は、自分とメンバーの関係に加えて、自分とクロスファンクショナルチームの構成メンバー、そしてそのメンバーの所属している組織の管理者が関係するので、かなり複雑な状況になる。

本来であれば当事者同士で解決できるのが理想的であるが、そうならないから問題に発展したのである。いま、起きていることは事実なのだ。起きた問題に対して、悔いのない行動を取ろう。逃げてはいけない。管理職になるときに必要な覚悟である。


あなたが、あるメンバー（A）のスーパーバイザーだったとしよう。あるメンバー（A）と一緒のチームの人（B）が、（A）の行動や考えに対して改善を促すことを、（A）のスーパーバイザーである「あなた」に直訴に来ることがある。つまりその（A）の態度や行動、考えが変わるように「あなた」に直接指導を申し入れるという状況である。

そんなとき、あなたが（A）の普段の行動を知らなかったら、効果的なアクションを取るのが難しくなる。(B)の話を、どこまで鵜呑みにするかである。信用する、しないの問題ではなく、あなたは(A)の普段を知らないのである。あなたは(A)が本当にそのような行動を取っているのかどうか知らないからと言って、(B)の言い分をすべて受け入れて良いのだろうか。人は色々な価値観や考えを持って生活しているのだから、改善を促しに来た人(B)に同調してはいけないのである。

まず(B)さんに、(A)本人とどのような話をしたのか確認する必要がある。(B)は、(A)本人に言ったけれど改善されないと言うかもしれない。何度も話し合いを持ったと言うかもしれない。言いにくいから直接「あなた」のところに来たと言うかもしれない。その後で、(A)に状況について確認をする必要がある。(A)本人に聞いて見ると、(B)からちゃんと言われたことがないというようなことがあるかもしれない。(A)は(B)の言い分がおかしいと言うかもしれない。いずれにせよ、お互いのコミュニケーションが成熟していない状況にあるのかどうかを把握しておいた方が良いのだ。これは、まずあなたが冷静に分析しなくてはいけないポイントである。

お互いの話を聞いて、八方美人を演じることがないように。それはあなたのためにもならない。八方美人に対する見方は厳しい。次はあなたが能無し管理職というレッテルを貼られて、あなたが悪者に仕立て上げられるのだ。実際にこういうことは至る所で起きている。

もし、普段から（A）の考えや行動を理解しているのであれば、（A）に面と向かって言いにくいからといって回避行動を取った（B）に対して、（A）を庇うのではなく、守ることができる。（A）がチーム活動の中でやっている良いところ、努力していることを（B）に伝えることができる。普段から観察している事項を述べるわけであるから、何も八方美人ではない。庇っているという印象を持たれるかもしれないが、お互いにチームのパフォーマンスを良くしようとしているという前提から話を始めることができる。初動としては適切だと思う。逆に、あなたが（A）の行動に対して普段から問題を感じているのであれば、別の対応や対策を講じることができるわけである。

自分のチームや組織のメンバーの普段の活動や活動の中での貢献具合については、人のフィードバックだけに頼ってはダメということである。椅子に踏ん反り返っていないで、細かい作業に没頭していないで、自分の目と耳を使って、メンバーのチームへの貢献やパフォーマンスを観察すること。クロスファンクショナルチームだから、普段一緒に仕事をする機会がないというのはただの言いわけだと思う。時々は自分の目と耳でメンバーの活躍を知る努力をしたい。

危険からの回避もときには重要

どこのコミュニティや組織に身を置くのも自分の責任なのである。一旦所属したなら、そこで大いに活躍するために徹底的に能力を使えば良い。それでも人間なのでどうしても合わない人が出てくるのは仕方がないことでもある。どうしても難しい連中を相手にするときは、相当な覚悟が必要である。起きていることに対して冷静に観察すること、そして自分の感情を冷静に切り離すことができないと飲み込まれてしまう。ラフプレイをする人間は、それをラフプレイだと思っていない。あなたの価値観が相手のラフプレイと判断しているだけなのである。当の本人は雰囲気が悪くなっていることに気づいていない。このようなキャラクターに対しては、冷静になることが最も重要なのである。

自分だけがエースパイロットと思い込んでいるタイプでチームや組織に全く興味がない人もいる。自分では最高のコミュニケーションスキルを備えていると信じ込んでいる人もいるし、何でみんな何も発言しないんだろうと思っているケースもある。また、メールでのレスは全然ないのに、オフラインで人の悪口ばかり言っている人もいる。こういう人たちにチームコーチングの重要性やコミュニケーションとは何かを気付かせることは並大抵のことではない。リソースを消耗する。

一番危険なのは、あなたに悪意を持っている人である。ときには危険から回避することも大事なのである。正義感だけではダメなのである。言い方は悪いが、このような輩はどこにでもいる。逃げなきゃと思ったら一目散に逃げる。また、チームや組織の中でどうしても解決が難しい案件が出てきたら、メンバーを危険な状況に置き続けてはいけない。自分で何とかできるだろうと思ってはいけない。自分たちで何とかすべきと思ってもいけない。事実、何ともなっていないのである。

本当にダメだと思ったら、環境を変えることも必要なのである。基本的には誰も助けてはくれない。組織に救済の仕組みがないから「冷たい」のではないのだ。あなたが組織に対して「期待し過ぎ」なのだ。あなたは子供ではないのだ。車道を歩いていても、誰もこっちに戻れとは言ってくれない。せいぜい、何だあの人は？　という印象を与えるくらいである。スキルを磨いていればどこでもやっていける。管理職だから指導できて当然という話になりがちであるが、それで無能な管理職と言われても気にしてはいけない。危険を察知したら、慎重かつ冷静に判断すること。

伝えたつもりでは伝わらない

米国にある組織の海外部門で働いていたときに、「一を聞いて十を知る」というのは本当に都合の良い言葉であると感じた。そもそも、人間は超能力なんて使うことができない。あなたがどんなに頑張っても、あなたの言っていることが伝わりにくい人がいる。ビジネスの世界などでは結論から先に言うように習ったりするわけではあるが、人は皆同じではないので、伝え方のバリエーションも実は結構重要だったりするのである。

いくつかのパターンに分けたアプローチを提唱する書籍もあるが、すぐにタイプなんて分けることはできないし、実は別のパターンだったりするので、本来は個別に考えるのが良いわけではあるが、大きく4パターンくらいを想定しておくと良い。話し始めは手探りのこともあるし、もちろん話が進み、そのコミュニケーションの目的が果たせれば良いわけである。

例えば、強烈な未来志向を常に抱き、業務プロセスに関する話、ルーチンワーク、日常的な話には全く興味を示さず、ベストプラクティスの共有も時間の無駄と吐き捨て、業界の壁を乗り越えてネットワークを構築したり、あらゆることから常に革新のヒントを探っているタイプ。やって当たり前、できて当然という高いスタンダードを自ら設定している人に、プロセスのことを細かく喋っても集中力が切れてしまって、もうほとんど上の空になってしまうだろう。

データに基づくロジカルな説明を好み、曖昧な説明を鼻で笑うサイエンティスト系集団を相手にするときはどうだろうか。とにかくデータが大好きだし、計画も緻密であればあるほど良いし、過去の事例研究も好きで、とにかく知っている。こんなロジックモンスターがステークホルダーだったらどうするべきだろうか。知ったかぶりは最も嫌われるわけであるが、相手がとにかく良く知っているんだから、とにかく手強い。ロジック番長に理解してもらうのも一苦労だ。

保守的と言えばそれまでだが、堅実派がステークホルダーだったらどうしよう。あなたの提案が革新的で、いまのビジネスを支えているモデルを軽視するようなイメージを与えてしまうと、頑なに守るべきものを守る最強のディフェンスモードに入ってしまうだろう。決して現状維持を好んでいるのではないと思うが、現状の方法の中で最も大事なポイントを軸に、新しい提案が現行の方法より何のメリットがあるのか、丁寧な説明が必要である。

そして4タイプ目は、チームワークや協働、それから人との和を重んじると言えば聞こえが良いが、和っぽいものを押し付ける側面もあるようなステークホルダー。何でも共有していないと嫌なタイプ。自分にちゃんと共有していない、あるいはチームやヒトをモノ扱いしたりすると、へそを曲げて絶対に味方になってくれない。クールで論理的な部分ばかりを押すタイプと合わない。

これはパターンではないが、あなたが頑張れば頑張るほど、抵抗勢力やアンダーグラウンドの住人からすると全く面白くないと思われることも少なくない。人はそれぞれのエリアや分野で色々な思考パターンを持つものである。むしろ多様過ぎるので、無理にパターン分類する必要もないと思う。大事なステークホルダーやメンバーに協力を得たいのであれば、自分の話が通じないやつはどうでもいいと思ってはいけない。また、いくら話が上手だからと言って、あなたの話は万人受けすると思ってはいけない。万人受けするための努力は絶対にした方がいい。ビジョンの説明が上手いと言われている人だって、プレゼンが上手だと言われている人だって常に百発百中なわけではない。色々なエッセンスを散りばめて、多様な人たちの琴線に触れる話を構築するための準備や努力を惜しんではいけない。まず他人のことをとやかく言う前に自分のやるべきことをやる。それが管理職魂なのである。

管理職になって、こんなに大変な思いをして何になる？　と思われたらそれはそれでやらなければ良いだけのことである。あなた自身の人生であるから決めるのはあなた自身である。自分でやった方が早いと思うのと同じで、相手を変えるよりも自分のことを変える方が何倍も簡単なのだ。

何かにつけ英雄を作ったり、神格化したりしない

ヒーロー待望論という言葉を聞いたことがあるだろうか。待っても来ないヒーローを待ち続けてしまう雰囲気や文化を揶揄するときに使われることが多い。問題を解決することが重要なのであるが、ヒーローを待っているだけになってしまっていて、そのような状況では何も変えることはできないということである。

また、ヒーロー待望論は、副産物として問題のすり替えを起こしやすい。例えば、自分

たちの組織には「強力なリーダーシップを発揮する人」が必要であると思う分には良い。どこの組織やチームでもあり得る話である。これが、「強力なリーダーシップを発揮する人がいないから上手くいかない」という話にすり替わるのである。確かに「リーダーシップの欠如」が組織の問題を引き起こしている原因の1つになっているのかもしれないが、「強力な」というのがどのレベルを指しているのかもわからないし、問題を解決するための最も効果的なソリューション（影響のある要因を排除するアクションや提案）になるとは言い難い。もし、自分たちが置かれている状況を作り出している真の原因になっていないのであれば、強力なリーダーシップを発揮する人が現れたとしても、すべてを解決するには至らないであろう。

他にも「スキルの高い管理職がいないから、自分の組織は上手く回っていない」とか、そういう話になりやすい。いまいる管理職のスキルでは、この先の活動を考えたら不安である、不十分であるということを意味しているのかもしれないが、問題がすり替わっていることに気付いたら、問題にフォーカスするように助言をしてほしい。

余談ではあるが、最近の流行とも言える神格化の事例がある。至るところで耳にする機会が増えてきた「グローバル人材」である。定義をよく見てほしいが、あまりにも神格化し過ぎていると思う。地球上のどこでも、またどんなエリアでも活躍できるような人はいた方が良いし、そういう人を育成するために、色々と知恵を絞ることは良いことだと思うが、あまりにも定義が先行し過ぎていると思う。グローバル人材を排出したことがない、あるいはほとんど見たことがない人が、グローバル人材育成のプランを作ることができるのだろうか。日本を出て世界で働いたり、活躍したことがない人が、グローバル人材育成を謳っていることには違和感を覚える。

人の背中を見て育たなくて良い

いまの時代、人の背中を見て育つ人は少ないと思うし、自分の背中なんかを見て育たないでほしい。誰も古いやり方しか知らない人の背中なんか見たくないし、酒の席での話を盛りに盛った武勇伝なんて聞きたくもない。それで良いんだと思う。生意気だという理屈を付けて隅っこに追いやるのも意味がわからない。その前に、自分の行動を改めた方が良いと思う。自分がロールモデルとして行動していたとしても、押し付けは良くない。「先輩、ありがとうございます。自分は先輩の背中を見て育ちました」と告げられたら、自分は良いロールモデルをやれているんだと思うことにすれば良い。

環境はどんどん変わる。例えば、高度経済成長期の実質経済成長率はおよそ10％であったが、いまは1から2％と低迷中である。物価の影響を調整している指標なので、それなりに説得力がある。テクノロジーの進歩に伴い、働き方も大きく変わった。私が入社しての頃は、携帯電話を持っている人はとても少なかった。ポケベルを持っていると驚かれた。仕事でパソコンを一人一台与えられているなんて、凄いことだった。交通網も発達したし、郵送物もトラッキングできる時代になった。商談アポイントもすべて電話だったのに、メールやオンラインアプリを使うようになり、コミュニケーションスタイルが変わったと言われるようになった。新聞じゃなく、インターネットの方が効率よく知りたいことを知ることができるようになった。すごく画期的なアイデアを形にしてニュースに取り上げられる人が、自分よりも若いことがかなり増えてきた。テクノロジーの進歩により、昔もそうだったけれど、いまはよく見えるようになっただけの部分もあるかもしれないが、色々なことが変わっているのである。

しかし、いまだに多くのチームや組織で全然新しくなっていないものがある。ヒトの育成である。確かにデータを活用したり、パソコンを使って検討したりする授業も増えてきたが、小学校から大学まで自分が眺めてきたものとほとんど変わっていないように思える。社会に出て、しかも海外で働いてみて思うことは、いまだに日本は鎖国状態なのではないかということ。リアルな鎖国こそしていないが、色々なものに違和感を覚えるようになった。例えば働き方改革、英語教育、女性活躍の推進。これらのエリアは特に違和感だらけで、単なるキャンペーンにしか見えない。

働き方改革の意味を取り違えている場面が多い。ちょっとやればできるような簡単な残業時間減少の数値目標しか掲げない。在宅ワークが全然進まないのは、効率よりも管理する側の管理スキルが足りないことは棚に上げて、見えないところでちゃんと働いてもらえているかどうか不安という発想が重視され、及び腰になる。私が働いていた海外部門では、家で仕事をする人が圧倒的に多かった。通勤する場合、片道3時間も車を運転しないといけない距離に住んでいるから、自宅で仕事をした方が生き方としても効率が良いのだ。採用という意味でも、通える人を採用するのではなく、本当に必要な人材を採用することにつながる。オフィスもみるみる縮小していき、どんどんフロアが減っていく。幼少の頃からの訓練の賜物だと思うが、議論の進め方やディベートに慣れているから、電話会議やオンライン会議の進め方も効率を落とすことなく、上手に進めることができる。心底感心したものである。大勢のマネジメントメンバーが参加する意思決定会議。これに臨む際の準備が不十分なのも日本の特徴かもしれない。国会答弁を見ていると似たようなものを感じる。つまり、普段からマネジメントができていないのである。

日本の英語環境について、海外部門のメンバーと話をしたことがある。日本では、英語教育を受け持つ人が、授業以外で英語を必要としていないことに驚いていた。英語も、英語環境下でコミュニケーションを行う際のツールの一部であるはずなのに、なぜツールとしての効用を教えられない人が英語の授業をやるのだろう。都心部の一部の学校は外国人の英語教師を採用しているところもあるが、大部分は昔のままの状態が続いている。OJTの効果を理解していない人にOJTを任せてほしくないのと同じことであると思う。大学の試験にリスニングを導入したって、大学受験用のコツを説明するのが限界であろう。

女性活用推進も日本とアメリカとで根本的な違いを感じた。それでもアメリカはもっともっと変わらないといけない、まだまだ変わることができると、女性リーダーが言っていたことがとても印象的であった。

自分のスキルアップと共に、「自分の背中を見て育て」などと思うこと自体が、非効率な気がしてきた。日本はいま、成長していないのである。そう考えると、自分がやってきたことなんて、半分の時間で経験してほしいし、もっと効率を求めて色々なアイデアや提案をヒトの成長にぶつけてほしい。

おわりに

元々選手志向が強かった自分がコーチにも向いていることに気付かせてくれたメンターの方々、戦略家としてまた参謀として才能を引き出して下さった諸先輩方に心から感謝の意を表したいと思う。

いま、私は経営者の側に立って社会活動の一端を担うことになったわけであるが、実際に自分が大きな組織の管理職として仕事をしていたときのパフォーマンスはどうだったかというとそれほど自信があったわけではない。賞も頂いたりもしたが、無我夢中だったというのが正直なところである。

経営側に立って改めて、マネジメントに関わる人あるいは戦略機能を担う人は、徹底的に尖っていてほしいと思う。「能ある鷹は爪を隠す」。「忖度」の類は不要で、自分が見えていなかったものを見せてくれる人、整理してくれる人は貴重なのである。自分一人ですべての状況を詳細に整理して評価することは不可能である。リーダーや経営トップがその役目を果たすために、複雑な状況を常に観察し、整理してくれている頼り甲斐のある軍師が絶対に必要なのだ。

人にはそれぞれ特技や人とは違った視点が備わっているものであり、軍師として自らを磨き続けてくれている存在は貴重なのである。リーダーはリーダーの役目、経営者は経営者の役目に専念する環境を構築するために必要不可欠なものなのだと思う。忖度のある世界には、組織の仕組みやそもそものビジネスモデルに胡坐をかいているような隙がたくさんあるのだと思う。

その隙というものは、初めはコンクリートのクラック（ひび割れ）のようなものかもしれない。しかし長い期間かけて組織を脆いものにしていくに違いない。チーム・組織の成長に真剣に取り組むリーダーは、効果の期待できないアクションを立てたり、無謀な戦略を選択したりしない。チーム・組織マネジメントの基本を忘れない。派閥や根回しなど、確実に存在するものだから仕方がないと思う部分もあるが、崇高な使命感と倫理観を持って、日々訪れる機会を最大限に使って、自らのスキルを磨いてほしい。人生100年時代は、もうそこまでやってきている。

２０２０年10月　冠　和宏

著者紹介

冠　和宏（かんむり　かずひろ）

20年以上、医薬品の研究開発に従事。これまで第一三共株式会社およびファイザー株式会社にて日米の開発組織でキャリアを歩み、海外も含めた臨床開発の戦略立案・業務全般に深く関与。専門分野は、企業治験及び医師主導治験、そして組織マネジメント、戦略構築から治験オペレーションと幅広く、学術面でもレギュラトリーサイエンスのエリアで幅広く活躍中。現在は、自ら設立した法人を通じ、臨床開発・組織及び人材開発の専門家としてコンサルティング業務に従事。現職に加えて、2019年7月より株式会社アセントデベロップメントサービスの取締役副社長兼開発本部長を兼任している。また、厚労省ベンチャーサポート事業のサポーターやアカデミア組織の客員講師などの兼任、更に製薬業界の業界団体にあたるDIA Japanにも所属し、2018年はDIA日本年会のVice Program Committee Chairを務め、また2019年より人工知能とデジタル技術の利活用にフォーカスしたシンポジウム（Cutting edge シリーズ）のプログラム委員長を務めている。

幻冬舎ルネッサンス新書 211

管理職魂《かんりしょくだましい》

2020年11月2日　第1刷発行

著　者　冠　和宏
発行人　久保田貴幸

発行元　株式会社 幻冬舎メディアコンサルティング
〒151-0051　東京都渋谷区千駄ヶ谷4-9-7
電話　03-5411-6440（編集）

発売元　株式会社 幻冬舎
〒151-0051　東京都渋谷区千駄ヶ谷4-9-7
電話　03-5411-6222（営業）

ブックデザイン　田島照久
印刷・製本　中央精版印刷株式会社

ISBN 978-4-344-93146-6　C0234
幻冬舎メディアコンサルティングHP
http://www.gentosha-mc.com/